Luu Hoang

Finanzielle Ängste besiegen

Eine glückliche und selbstbestimmte
Zukunft dank Frugalismus

ForwardVerlag

ForwardVerlag

Finanzielle Ängste besiegen

Eine glückliche und selbstbestimmte Zukunft dank Frugalismus

Imprint der Verlagsgruppe StudyHelp GmbH, Paderborn
www.forwardverlag.de

1. Auflage

Autor: Luu Hoang

Kontakt: info@forwardverlag.de
Umschlaggestaltung: @magier
Druck: mediaprint solutions GmbH

ISBN 978-3-98755-155-0

Inhalt

Über den Autor

Luu Hoang wurde 1990 in Vietnam geboren und emigrierte im Alter von drei Jahren mit seiner Familie nach Deutschland, wo er in der Kleinstadt Lübbecke (Nordrhein-Westfalen) aufwuchs. Als Flüchtlinge fanden sie sich in einer neuen, unbekannten Umgebung wieder und lebten unter schwierigen, finanziell eingeschränkten Verhältnissen. Diese Umstände prägten die Kindheit des Autors und weckten früh sein Bewusstsein für einen sorgfältigen Umgang mit Ressourcen und Geld. Schon als Kind lernte er, mit wenig auszukommen und dennoch große Träume zu haben.

Trotz der Herausforderungen seiner Jugend zeigte Luu Hoang stets Ehrgeiz und Zielstrebigkeit. Nach dem Abitur entschied er sich für ein Studium des Wirtschaftsingenieurwesens, das er mit herausragenden Leistungen abschloss. Später promovierte er im Bereich der Automatisierungstechnik und erweiterte damit sein Wissen in einem zukunftsweisenden Feld.

In seinen Mittzwanzigern entdeckte der Autor den Frugalismus für sich. Inspiriert von der Idee eines minimalistischen und bewussten Lebensstils begann er, seine finanziellen Ziele systematisch zu verfolgen und in den Kapitalmarkt zu investieren. Durch diszipliniertes Sparen und Anlegen gelang es ihm, über 60 Prozent seines Einkommens beiseitezulegen. Innerhalb von nur drei Jahren baute er so fast eine sechsstellige Summe auf, die er geschickt investierte, um seine finanzielle Sicherheit weiter voranzutreiben. Diese strategische Herangehensweise wurde für ihn zu einem wichtigen Eckpfeiler seines Lebens.

Heute ist Luu Hoang Familienvater und arbeitet im Bereich der Digitalisierung, wo er seine Expertise nutzt, um innovative Lösungen zu entwickeln. Seine persönliche Lebensgeschichte ist eine Quelle der Inspiration: Sie zeigt, wie man durch Disziplin, Bildung und kluge Entscheidungen Widrigkeiten überwinden und ein selbstbestimmtes Leben gestalten kann.

Einleitung

Geldsorgen sind allgegenwärtig. Sie begleiten uns beim Blick auf unser Konto, wenn unerwartete Rechnungen ins Haus flattern oder wenn wir uns fragen, ob wir uns unseren aktuellen Lebensstil in ein paar Jahren noch leisten können. Finanzielle Ängste sind ein ständiger Begleiter in einer Welt, in der Konsum zur Norm geworden ist, Lebenshaltungskosten steigen und wirtschaftliche Unsicherheiten uns immer wieder vor neue Herausforderungen stellen.

Ich weiß genau, wie es sich anfühlt, von diesen Ängsten erdrückt zu werden. Jahrelang hatte ich das Gefühl, dass ich nie genug verdiente – egal, wie viel ich arbeitete. Am Monatsende war mein Konto oft leerer, als mir lieb war, und ich stellte mir immer wieder die gleiche Frage: Wo ist mein ganzes Geld geblieben? Ich versuchte zu sparen, erstellte Budgetpläne und nahm mir vor, bewusster mit meinen Ausgaben umzugehen. Doch all diese Strategien halfen nur kurzfristig, denn ich änderte nichts an meinem grundlegenden Konsumverhalten.

Mein größtes Problem war, dass ich Geld ausgab, ohne darüber nachzudenken, ob mich diese Ausgaben meinem eigentlichen Ziel – finanzieller Sicherheit – wirklich näherbrachten. Ich kaufte Dinge, die ich für notwendig hielt, weil sie gesellschaftlich „normal" waren. Ich ging essen, weil es bequemer war, kaufte das neueste Smartphone, weil es jeder tat, und gönnte mir gelegentlich kleine Belohnungen, um mich für die harte Arbeit zu entschädigen. Doch am Ende blieb immer das gleiche Gefühl zurück: finanzielle Unsicherheit, gepaart mit der Angst, nie wirklich aus diesem Kreislauf herauszukommen.

Der Wendepunkt kam, als ich begann, mich intensiv mit meinen Finanzen auseinanderzusetzen. Ich erkannte, dass meine bisherigen Ansätze zu kurz griffen. Es reichte nicht, nur weniger Geld auszugeben – ich musste mein gesamtes Mindset verändern. Und genau hier kam der Frugalismus ins Spiel.

Frugalismus ist nicht einfach nur Sparen. Es ist eine bewusste Entscheidung, Geld und Ressourcen strategisch einzusetzen, um finanzielle Ängste hinter sich zu lassen und ein selbstbestimmtes, zufriedenes Leben zu führen. Doch diese Erkenntnis kam nicht über Nacht – und der Weg dahin war alles andere als leicht.

Anfangs fühlte es sich an, als würde ich einen Schritt zurückgehen. Ich musste mich mit unbequemen Wahrheiten auseinandersetzen: Ich hatte jahrelang Geld für Dinge ausgegeben, die mir langfristig nichts brachten. Ich musste meine Gewohnheiten infrage stellen, lernen, zwischen echten Bedürfnissen und kurzfristigen Wünschen zu unterscheiden, und verstehen, dass wahre Freiheit nicht darin liegt, sich alles leisten zu können, sondern darin, das Richtige für sich selbst zu wählen.

Dieser Prozess war nicht einfach. Es gab Momente, in denen ich an meiner Entscheidung zweifelte. Der Verzicht auf spontane Einkäufe oder Luxusgüter fühlte sich anfangs wie ein Rückschritt an. Doch mit der Zeit erkannte ich, dass ich mir nicht wirklich etwas nahm – im Gegenteil: Ich gewann etwas viel Wertvolleres. Ich bekam Kontrolle über meine Finanzen, überwand meine Ängste und gewann eine völlig neue Perspektive auf Geld.

Frugalismus half mir, meine finanziellen Ängste nach und nach zu besiegen. Anstatt von Gehalt zu Gehalt zu leben, konnte ich Rücklagen aufbauen. Ich musste keine Angst mehr vor unerwarteten Ausgaben haben und konnte anfangen, mein Geld gezielt für Dinge einzusetzen, die mir langfristig Sicherheit und Zufriedenheit brachten. Ich lernte, bewusster zu konsumieren, Prioritäten zu setzen und finanzielle Entscheidungen mit einem klaren Ziel vor Augen zu treffen.

Heute blicke ich zurück und bin unglaublich dankbar für diesen Weg. Ich habe nicht nur finanzielle Stabilität erreicht, sondern auch ein völlig neues Lebensgefühl gewonnen. Ich weiß, dass mein Geld nicht mehr über mich bestimmt, sondern ich über mein Geld. Und genau das möchte ich in diesem Buch mit dir teilen.

Dieses Buch ist kein klassischer Ratgeber zum Sparen. Es geht nicht darum, sich alles zu verkneifen oder jeden Cent zweimal umzudrehen. Stattdessen zeige ich dir, wie du finanzielle Ängste hinter dir lassen kannst, indem du dein Konsumverhalten bewusst gestaltest und mit klugen Strategien dein Geld für dich arbeiten lässt. Ich werde dir nicht nur praktische Tipps geben, sondern auch meine eigenen Erfahrungen mit dir teilen – mit allen Höhen und Tiefen, Zweifeln und Erfolgen.

Mein Ziel ist es, dir Mut zu machen und dir die Werkzeuge an die Hand zu geben, mit denen du deine finanzielle Zukunft selbst gestalten kannst. Ich weiß aus eigener Erfahrung, dass es nicht immer leicht ist, alte Muster zu durchbrechen. Doch ich verspreche dir: Es lohnt sich.

Egal, wo du gerade stehst – ob du von Gehalt zu Gehalt lebst, Schulden abbaust oder einfach mehr finanzielle Sicherheit möchtest – die Prinzipien des Frugalismus können dir helfen, dein Leben in eine neue Richtung zu lenken. Es gibt keinen perfekten Zeitpunkt, um anzufangen. Der beste Moment ist genau jetzt.

Lass uns diesen Weg gemeinsam gehen – hin zu einer sicheren und zufriedenen Zukunft durch Frugalismus.

Was ist Frugalismus?

Stell dir vor, du wachst jeden Morgen auf und musst dir keine Sorgen um Geld machen. Du hast die Freiheit, deine Zeit so zu gestalten, wie es dir gefällt, ohne dich von finanziellen Zwängen einschränken zu lassen. Das ist die Vision, die viele Menschen mit dem Frugalismus verbinden.

Aber was genau ist Frugalismus eigentlich?

Frugalismus ist eine Lebenseinstellung, bei der du bewusst Entscheidungen triffst, um langfristig glücklich und finanziell bessergestellt zu sein. Stell dir vor, du kaufst nicht einfach das neueste Smartphone, sondern überlegst dir genau, ob du die Funktionen wirklich brauchst. Oder statt im teuren Restaurant zu essen, kochst du lieber selbst mit Freunden. Das spart nicht nur Geld, sondern macht auch noch Spaß.

Beim Frugalismus geht es darum, seine Ausgaben zu reduzieren und das gesparte Geld sinnvoll anzulegen. Das kann bedeuten, dass du weniger shoppst, seltener in den Urlaub fährst oder dein Auto durch ein Fahrrad ersetzt. Aber das bedeutet nicht, dass du auf alles verzichten musst. Es geht vielmehr darum, Prioritäten zu setzen und das Leben bewusster zu gestalten.

Frugalismus lädt uns ein, unsere Prioritäten neu zu setzen und die Kontrolle über unsere finanzielle und mentale Gesundheit zu übernehmen. Wer sich darauf einlässt, wird feststellen, dass ein frugalistischer Lebensstil nicht nur finanziellen Rückhalt schafft, sondern auch zu einem zufriedeneren und selbstbestimmten Leben führt.

Indem du frugal lebst, investierst du in deine Zukunft. Du baust dir ein finanzielles Polster auf, das dir Sicherheit gibt und dir ermöglicht, deine Träume zu verwirklichen. Und das Beste daran: Du wirst merken, dass du mit weniger oft glücklicher bist.

Was ist Frugalismus nicht?

Viele Menschen, die schon einmal von Frugalismus gehört haben, assoziieren ihn vor allem mit einem Ziel: frühestmögliche finanzielle Freiheit – am besten nie wieder arbeiten müssen. Begriffe wie „Rente mit 40“ schüren dabei die Vorstellung eines Lebens ohne finanzielle Sorgen lange vor dem regulären Renteneintritt. Ist das wirklich das Ziel des Frugalismus?

Realistisch betrachtet werden nur die wenigsten von uns tatsächlich vorzeitig finanzielle Freiheit erreichen. Für viele ist es bereits eine Herausforderung, im Alter eine auskömmliche Rente zu sichern. Aber genau hier liegt die wahre Stärke des Frugalismus: Es geht nicht darum, ein unerreichbares Ideal zu verfolgen, sondern darum, durch einen bewussten Umgang mit Geld und Konsum ein sicheres und erfülltes Leben zu gestalten – ein Ziel, das für nahezu jeden erreichbar ist.

Ein zentraler Bestandteil dieses Ansatzes ist die aktive Auseinandersetzung mit den eigenen Finanzen. Viele Menschen haben Angst vor diesem Thema oder fühlen sich überfordert, weil sie nie gelernt haben, mit Geld strategisch umzugehen. Doch finanzielle Bildung ist ein entscheidender Faktor, um langfristige Sicherheit zu erlangen. Wer sich regelmäßig mit seinen Einnahmen, Ausgaben und Sparmöglichkeiten beschäftigt, wer grundlegende Prinzipien des Investierens versteht und wer sich das Wissen aneignet, wie man sein Geld effizient verwaltet, gewinnt Kontrolle über seine finanzielle Zukunft.

Frugalismus bedeutet daher nicht nur, weniger auszugeben, sondern auch, kluge finanzielle Entscheidungen zu treffen. Es geht darum, sich bewusst mit Geldthemen auseinanderzusetzen, wirtschaftliche Zusammenhänge zu verstehen und langfristig tragfähige Strategien zu entwickeln. Wer sein Budget kennt, finanzielle Ziele definiert und lernt, wie man sein Erspartes sinnvoll anlegt, kann nicht nur Ängste abbauen, sondern auch ein stabiles Fundament für die Zukunft schaffen.

Letztlich geht es darum, finanzielle Selbstbestimmung zu erlangen. Anstatt sich von äußeren Umständen treiben zu lassen, ermöglicht es der Frugalismus, aktiv die Weichen für ein selbstbestimmtes und zufriedenes Leben zu stellen. Jeder Schritt in Richtung finanzieller Bildung und bewussterem Konsumverhalten ist ein Schritt hin zu mehr Sicherheit, Unabhängigkeit und Lebensqualität.

Frugalismus vs. Minimalismus:
Wo liegt der Unterschied?

Oft werden Frugalismus und Minimalismus miteinander verwechselt. Beide Konzepte haben zwar Gemeinsamkeiten, unterscheiden sich aber in ihren Zielen.

- **Minimalismus**
  Minimalismus zielt darauf ab, das Leben zu vereinfachen, indem man sich von überflüssigen Besitztümern trennt. Es geht darum, sich auf das Wesentliche zu konzentrieren und mehr Zeit und Energie für die Dinge zu haben, die einem wirklich wichtig sind. Minimalisten streben oft nach einem minimalistischen Lebensstil, der weniger Konsum und mehr bewusste Entscheidungen beinhaltet.

- **Frugalismus**
  Frugalismus geht einen Schritt weiter und verbindet die Einfachheit des Minimalismus mit dem Ziel der finanziellen Absicherung. Frugalisten reduzieren ihren Konsum nicht nur, um ihr Zuhause aufzuräumen, sondern auch, um Geld zu sparen und zu investieren. Sie sind daran interessiert, langfristig ein Vermögen aufzubauen.

Ein kurzes Beispiel: Nehmen wir an, du möchtest dir ein neues Auto kaufen. Ein Minimalist könnte sich fragen, ob er ein Auto überhaupt braucht und ob er seine Bedürfnisse nicht auch mit öffentlichen Verkehrsmitteln oder einem Fahrrad decken könnte. Ein Frugalist würde zusätzlich abwägen, welche finanziellen Auswirkungen der Kauf eines neuen Autos hätte. Er würde sich fragen, ob er das Geld nicht lieber in eine Immobilie investieren oder für den Ruhestand sparen könnte.

Warum Frugalismus?

Der Frugalismus bietet eine Vielzahl von Vorteilen, die weit über die reine finanzielle Absicherung hinausgehen. Hier sind einige der weiteren Gründe, warum Menschen sich für einen frugalen Lebensstil entscheiden:

- **Stressreduktion**
  Ständige finanzielle Sorgen können zu erheblichem Stress führen. Durch einen frugalen Lebensstil kannst du deine Ausgaben reduzieren und damit auch deine finanziellen Ängste verringern. Mehr finanzielle Sicherheit bedeutet weniger Stress und eine höhere Lebensqualität.

- **Mehr Zeit**
  Weniger Konsum bedeutet weniger Zeit, die du für das Einkaufen, Vergleichen von Produkten und das Verwalten von Schulden aufwendest. Diese gewonnene Zeit kannst du für Dinge nutzen, die dir wirklich wichtig sind, wie zum Beispiel Hobbys, Beziehungen oder persönliche Entwicklung.

- **Persönliche Entwicklung**
  Frugalismus fördert Selbstdisziplin und bewusstes Konsumverhalten. Indem du deine Ausgaben hinterfragst und Prioritäten setzt, lernst du, zwischen deinen Bedürfnissen und Wünschen zu unterscheiden. Das stärkt dein Selbstbewusstsein und hilft dir, deine Ziele zu erreichen.

- **Umweltbewusstsein**
  Ein frugaler Lebensstil geht oft einher mit einem nachhaltigen Lebensstil. Indem du weniger konsumierst, produzierst du weniger Müll und schonst Ressourcen. Du trägst aktiv dazu bei, die Umwelt zu schützen und künftigen Generationen eine lebenswerte Welt zu hinterlassen.

- **Gesundheit**
  Frugalismus kann sich auch positiv auf deine Gesundheit auswirken. Indem du dich bewusster ernährst, weniger Fast Food konsumierst und mehr Zeit in der Natur verbringst, tust du etwas Gutes für deinen Körper und deine Seele.

- **Tiefere Beziehungen**
  Wenn du weniger Zeit mit dem Verfolgen materieller Ziele verbringst, hast du mehr Zeit für deine Beziehungen. Du kannst dich intensiver mit deinen Freunden und deiner Familie auseinandersetzen und wertvolle Erinnerungen schaffen.

Frugalismus bedeutet nicht Verzicht, sondern bewusste Entscheidungen

Frugalismus hat oft den Ruf, nur aus Verzicht und Einschränkungen zu bestehen – doch das ist ein Missverständnis. Tatsächlich geht es nicht darum, sich alles zu untersagen, was Freude bereitet, sondern vielmehr darum, bewusste Entscheidungen zu treffen. Frugalisten entdecken kreative Möglichkeiten, ihre Bedürfnisse zu erfüllen, ohne dabei unnötig viel Geld auszugeben.

Frugalismus und Vermögensaufbau sind eng miteinander verbunden. Wenn du bewusst konsumierst und sparst, legst du den Grundstein für deine finanzielle Zukunft. Gleichzeitig fördert dieser Lebensstil dein finanzielles Bewusstsein, da du dich zwangsläufig intensiver mit deinen Finanzen auseinandersetzt. Du lernst, deine Einnahmen und Ausgaben genauer zu analysieren, bessere finanzielle Entscheidungen zu treffen und dich kontinuierlich weiterzubilden – sei es durch das Verstehen von Anlagestrategien, das Optimieren deiner Sparquote oder das bewusste Planen deiner langfristigen finanziellen Ziele. Die Grundbausteine des Frugalismus umfassen folgende vier Aspekte:

1. **Bewusster Konsum** ist der erste Schritt. Frage dich bei jedem Kauf, ob du das Produkt wirklich brauchst. Vermeide Impulskäufe und unterscheide zwischen Bedürfnissen und Wünschen. Vergleiche Preise, suche nach Alternativen und überlege, ob du etwas selbst machen oder reparieren kannst.

2. **Sparen** ist der Treibstoff für dein Vermögen. Richte dir ein Sparkonto ein und überweise regelmäßig einen festen Betrag. Automatisiere diesen Prozess, um Disziplin aufzubauen. Setze dir klare Sparziele, um motiviert zu bleiben.

3. **Investieren** ist das Vehikel zum finanziellen Erfolg. Sobald du ein solides finanzielles Polster aufgebaut hast, solltest du darüber nachdenken, dein Geld zu vermehren. Investieren bedeutet, dein Geld in Vermögenswerte wie Aktien, ETFs oder Immobilien zu stecken, um langfristig einen höheren Gewinn zu erzielen, als auf einem Sparkonto. Der Gewinn, den man mit einer Investition erzielt, wird auch als Rendite bezeichnet. Diesen Begriff wirst du häufiger in diesem Buch wiederfinden.

4. **Passives Einkommen** ist der Autopilot für deine Zukunft. Passives Einkommen hilft dir dabei, eine solide Altersvorsorge aufzubauen. Angesichts der Unsicherheiten der staatlichen Rente ist ein selbstbestimmtes Einkommen unverzichtbar. Mit dem Aufbau von passiven Einkommen sicherst du dir ein unabhängiges und komfortables Leben im Ruhestand.

In den kommenden Kapiteln dieses Buches wirst du mehr über diese Grundbausteine erfahren und lernen, wie du sie in dein Leben integrierst, um dir eine finanziell sichere Zukunft und ein zufriedenes Leben aufzubauen.

TEIL I

Die Grundlagen des Frugalismus

Du weißt bereits, dass Frugalismus mehr ist als nur Sparen. Es ist eine bewusste Entscheidung für ein erfüllteres Leben. Indem du deine Finanzen in den Griff bekommst, schaffst du dir mehr Freiheit und Flexibilität. Jedoch sind Sparen und Finanzen im Blick behalten natürlich wesentliche Bausteine im Frugalismus und die Basis für die nächsten Schritte.

In diesem Teil werden wir gemeinsam die Grundlagen des frugalen Lebens erarbeiten. Wir werden uns anschauen, wie wir unsere Konsumgewohnheiten bewusst verändern können, um nicht nur mehr Geld zu sparen, sondern auch das Beste aus unserem Einkommen herauszuholen und es gezielt für das einzusetzen, was uns wirklich weiterbringt. Du wirst lernen, wie du ein Budget erstellst, das zu deinem Lebensstil passt, und wie du mit einfachen Tricks im Alltag bares Geld sparen kannst. So kannst du dir früher den Traum von einer Weltreise erfüllen, dein eigenes kleines Unternehmen gründen oder einfach nur mehr Zeit für deine Familie und Freunde haben.

Was erwartet dich in diesem Teil?

- **Die Psychologie des Konsums**
  Wir werden die psychologischen Tricks der Werbung entlarven und dir zeigen, wie du manipulativen Verkaufsstrategien widerstehen kannst.

- **Die Macht der Gewohnheiten**
  Du lernst, wie du schlechte Gewohnheiten ablegst und neue, positive Gewohnheiten etablierst.

- **Budget erstellen und einhalten**
  Ich zeige dir, wie du ein Budget erstellst, das zu deinem Lebensstil passt, und wie du es erfolgreich umsetzt.

- **Spartricks für jeden Tag**
  Entdecke einfache und effektive Methoden, um dein Geld zu sparen.

Bist du bereit, die Zügel in die Hand zu nehmen und dein Leben frugalistisch zu gestalten? Dann lass uns gemeinsam loslegen.

Die Psychologie des Konsums

Hast du dich jemals gefragt, warum du manchmal Dinge kaufst, die du eigentlich gar nicht brauchst? Oder warum dich bestimmte Produkte so sehr ansprechen, dass du kaum widerstehen kannst? Unsere Kaufentscheidungen sind selten rein rational, sondern sie werden von Emotionen, Gewohnheiten und äußeren Einflüssen geprägt. Die Psychologie des Konsums hilft uns zu verstehen, warum wir so handeln, wie wir handeln, und genau dieses Wissen ist im Frugalismus entscheidend.

Wenn wir erkennen, was uns zum Kaufen verleitet, können wir bewusster mit unserem Geld umgehen. Es geht nicht nur darum, unnötige Ausgaben zu reduzieren, sondern auch darum, unser Einkommen gezielt für das einzusetzen, was uns langfristig wirklich weiterbringt. Frugalismus bedeutet nicht, sich alles zu verbieten, sondern klügere finanzielle Entscheidungen zu treffen. Je besser wir verstehen, warum wir konsumieren, desto leichter fällt es uns, zwischen echten Bedürfnissen und spontanen Wünschen zu unterscheiden, und genau das ist der Schlüssel, um finanzielle Ängste zu besiegen. Indem wir unsere Kaufgewohnheiten überdenken und neue, sparsamere Muster entwickeln, gewinnen wir nicht nur mehr finanzielle Sicherheit, sondern auch die Freiheit, unser Leben nach unseren eigenen Prioritäten zu gestalten.

Warum kaufen wir, was wir kaufen?

In den folgenden Abschnitten werden wir uns detailliert damit beschäftigen, welche psychologischen Faktoren unsere Kaufentscheidungen beeinflussen. Oft kaufen wir nicht nur aus praktischem Nutzen, sondern weil Emotionen, soziale Normen, Gewohnheiten und clevere Marketingstrategien uns unbewusst lenken. Wir werden herausfinden, warum uns bestimmte Produkte besonders ansprechen, wie Werbetaktiken unser Unterbewusstsein manipulieren und warum wir gegen unseren eigenen Verstand handeln und Dinge kaufen, die wir gar nicht brauchen.

Doch Wissen allein reicht nicht aus, denn es geht auch darum, dieses Wissen in die Praxis umzusetzen. Deshalb wirst du am Ende konkrete Tipps erhalten, wie du Impulskäufe vermeidest und einen bewussten, zielgerichteten Umgang mit deinem Geld entwickelst. So kannst du langfristig finanziell klüger agieren und mehr Kontrolle über deine Konsumentscheidungen gewinnen.

Die Macht der sozialen Anerkennung

Hast du schon einmal ein Produkt gekauft, nur weil es gerade „in" ist oder weil es von deinen Lieblingsstars beworben wird? Das ist kein Zufall. Wir Menschen sind soziale Wesen und legen Wert auf Zugehörigkeit. Marken und Produkte können uns dabei helfen, uns mit bestimmten Gruppen zu identifizieren oder einen bestimmten sozialen Status zu erreichen. Luxusgüter oder bestimmte Modetrends dienen oft als Statussymbole, mit denen wir signalisieren, zu welcher sozialen Schicht wir gehören möchten oder wo wir uns selbst einordnen. Unser soziales Umfeld hat einen großen Einfluss auf unser Konsumverhalten. Empfehlungen von Freunden, Familie oder Influencern können unsere Kaufentscheidungen stark beeinflussen. Wir orientieren uns an den Meinungen anderer und lassen uns gerne von ihnen inspirieren.

Emotionen als Kaufmotiv

Emotionen sind ein starker Antrieb für unser Kaufverhalten. Werbung nutzt diesen Umstand geschickt aus, indem sie positive Emotionen wie Freude, Liebe oder Sicherheit mit Produkten verbindet. Ein Schokoladenwerbespot, der eine glückliche Familie beim gemeinsamen Essen zeigt, soll beispielsweise positive Assoziationen mit dem Produkt wecken. Auch negative Emotionen wie Angst oder Unsicherheit können dazu führen, dass wir bestimmte Produkte kaufen. So soll etwa eine Versicherung uns das Gefühl von Sicherheit geben.

Gewohnheit als Kaufmechanismus

Viele unserer Kaufentscheidungen sind automatisiert. Wir kaufen immer die gleiche Marke Kaffee, weil wir es gewohnt sind oder weil der Supermarkt um die Ecke liegt. Gewohnheiten sind bequem und ersparen uns Entscheidungsprozesse. Allerdings können sie uns auch dazu verleiten, ungesunde oder unnötige Produkte zu kaufen.

Verfügbarkeit: Was liegt gerade griffbereit?

Die Verfügbarkeit eines Produkts spielt ebenfalls eine große Rolle. Produkte, die uns ständig begegnen – sei es im Supermarkt, in der Werbung oder im Internet – haben eine höhere Wahrscheinlichkeit gekauft zu werden. Das erklärt, warum wir im Supermarkt oft Dinge kaufen, die nicht auf der Einkaufsliste stehen. Diese Impulskäufe entstehen häufig, wenn Produkte gut sichtbar platziert sind oder Sonderangebote locken.

Der Preis als Qualitätsmaßstab

Viele Menschen gehen fälschlicherweise davon aus, dass ein hoher Preis auch eine hohe Qualität garantiert. Diese Annahme wird von vielen Unternehmen geschickt ausgenutzt, indem sie ihre Produkte in einem exklusiven Umfeld präsentieren oder mit hochwertigen Materialien bewerben. Dabei ist die Qualität eines Produkts nicht immer direkt proportional zu seinem Preis.

Die Macht der Werbung: Wie wir manipuliert werden

Werbung ist allgegenwärtig und prägt unser Konsumverhalten in einem Maße, dem wir uns oft gar nicht bewusst sind. Durch geschickt eingesetzte psychologische Tricks versuchen Werbetreibende, unsere Kaufentscheidungen zu beeinflussen. Dabei setzen sie auf eine Vielzahl von Techniken, die darauf abzielen, unsere Emotionen anzusprechen, unser Bedürfnis nach sozialer Anerkennung auszunutzen und uns ein Gefühl der Dringlichkeit zu vermitteln.

Emotionale Ansprache: Gefühle verkaufen

Neben der allgemeinen Bedeutung von Emotionen als Kaufmotiv spielt die gezielte emotionale Ansprache in der Werbung eine Schlüsselrolle. Durch emotionale Bilder und Geschichten werden Produkte oft mit positiven Erlebnissen wie Geborgenheit, Freude oder Zusammenhalt verknüpft. Ein typisches Beispiel ist der Einsatz von Familienidyllen oder Wohlfühlmomenten, um eine emotionale Bindung zum Produkt zu schaffen.

Doch auch der Einsatz von negativen Emotionen hat seinen Platz. Kampagnen, die auf Ängste oder Unsicherheiten eingehen, können den

Bedarf nach Schutz oder Sicherheit betonen. So verdeutlichen etwa Werbungen für Versicherungen die Konsequenzen von Risiken, um ein Bewusstsein für Vorsorge zu schaffen. Diese gezielte Nutzung emotionaler Verbindungen geht über die bloße Ansprache von Kaufmotiven hinaus und setzt tiefere, oft unbewusste Mechanismen in Gang, die unser Entscheidungsverhalten beeinflussen.

Soziale Anerkennung: Dazugehören und erfolgreich sein

Auf den vorherigen Seiten hast du bereits erfahren, dass die soziale Anerkennung ein wichtiges Kaufmotiv ist. Die Werbeindustrie hat dieses Wissen perfektioniert und nutzt es gezielt aus, um unser Verhalten zu beeinflussen. Mit raffinierten Kampagnen verknüpft sie Produkte mit Status, Prestige und dem Versprechen sozialer Zugehörigkeit. Luxusgüter und Modetrends werden dabei nicht nur als praktische oder ästhetische Objekte präsentiert, sondern als Symbole für Erfolg, Beliebtheit und gesellschaftlichen Aufstieg. Durch diese geschickte Inszenierung entsteht ein subtiler Druck, bestimmte Produkte zu erwerben, um das eigene soziale Ansehen zu stärken und Anerkennung in der eigenen Umgebung zu finden.

Verknappung: Das Prinzip der begrenzten Verfügbarkeit

Ein weiteres wirksames Werbemittel ist die Schaffung von künstlicher Knappheit. Limitierte Angebote, Sondereditionen oder Zeitbegrenzungen erzeugen ein Gefühl der Dringlichkeit und führen dazu, dass wir schneller kaufen. Der Gedanke, etwas zu verpassen, treibt uns an, impulsive Entscheidungen zu treffen.

Das Autoritätsprinzip: Experten und Prominente als Vertrauenspersonen

Wenn Experten oder Prominente ein Produkt empfehlen, sind wir eher geneigt, diesem zu vertrauen. Das liegt daran, dass wir diesen Personen Autorität und Glaubwürdigkeit zuschreiben. Ärzte, Wissenschaftler oder Sportler werden oft in Werbespots eingesetzt, um Produkte zu bewerben und so das Vertrauen der Konsumenten zu gewinnen.

Bewusster Konsum: So entkommst du der Konsumfalle

Nun kennst du verschiedene Mechanismen und Prinzipien, die zu einem ungesunden Konsumverhalten führen können. Jedoch bist du diesen Mechanismen und Prinzipien nicht hilflos ausgeliefert. Denk daran: Du hast die Macht, die Welt um dich herum zu gestalten – auch durch deine Konsumentscheidungen. Jeder einzelne Kauf ist eine kleine Abstimmung für die Art von Welt, in der wir leben möchten.

Wenn du dich bewusst für nachhaltige Produkte und Unternehmen entscheidest, unterstützt du eine faire und ökologische Wirtschaft. Gleichzeitig kannst du deine eigene Zufriedenheit steigern, indem du Produkte kaufst, die deinen Werten entsprechen und dir wirklich Freude bereiten. Die Flut an Werbung sowie die anderen vorgestellten Prinzipien machen es uns aber oft schwer, bewusst zu konsumieren. Doch es gibt zahlreiche Möglichkeiten, um aus diesem Konsum-Karussell auszusteigen und gezieltere Kaufentscheidungen zu treffen.

Hinterfrage deine Bedürfnisse

Bevor du etwas kaufst, solltest du dir einen Moment Zeit nehmen, um zu reflektieren, ob du das Produkt wirklich benötigst oder ob es sich lediglich um einen Wunsch handelt. Oftmals kaufen wir Dinge, weil wir denken, dass sie uns glücklich machen würden. Doch häufig stellt sich heraus, dass diese Dinge unser Leben nicht wirklich bereichern. Wenn du deine Bedürfnisse hinterfragst, kannst du Impulskäufe vermeiden und dein Geld für Dinge ausgeben, die dir wirklich wichtig sind.

Vergleiche Preise und Produkte

Bevor du dich für ein Produkt entscheidest, solltest du verschiedene Anbieter und Modelle vergleichen. Vergleichsportale wie *Idealo*, *Geizhals* oder *Check24* helfen dir, schnell einen Überblick über Preise und Verfügbarkeit zu bekommen. Besonders bei größeren Anschaffungen wie Elektronik, Haushaltsgeräten oder Versicherungen kann ein Preisvergleich erhebliche Einsparungen bringen. Achte darauf, dass du nicht nur den günstigsten Anbieter findest, sondern auch Faktoren wie Versandkosten, Rückgaberechte und Kundenservice berücksichtigst.

Neben Preisvergleichen sind Testberichte eine wertvolle Hilfe, um die Qualität und Leistung eines Produkts besser einzuschätzen. Webseiten wie *Stiftung Warentest*, *Öko-Test* oder *Trusted Reviews* liefern unabhängige Bewertungen und decken oft Schwächen auf, die in Werbeanzeigen verschwiegen werden. Ein Produkt mag auf den ersten Blick günstig erscheinen, doch wenn es schneller kaputtgeht oder im Alltag nicht überzeugt, ist es langfristig teurer.

Nimm dir die Zeit, verschiedene Vergleichsportale und Testberichte zu nutzen, so kannst du Fehlkäufe vermeiden und sicherstellen, dass du das beste Preis-Leistungs-Verhältnis für dein Geld erhältst. Du triffst eine durchdachte Kaufentscheidung und vermeidest es, unnötig Geld auszugeben.

Erstelle eine Einkaufsliste

Eine gut durchdachte Einkaufsliste ist eines der effektivsten Werkzeuge, um gezielt einzukaufen und unnötige Spontankäufe zu vermeiden. Ohne eine klare Planung lassen wir uns im Supermarkt oder in anderen Geschäften leicht von Sonderangeboten, attraktiven Verpackungen oder geschickt platzierten Produkten verleiten und am Ende landet vieles im Einkaufswagen, das wir eigentlich gar nicht brauchen.

Der Schlüssel zu einer erfolgreichen Einkaufsliste liegt in der Vorbereitung. Plane im Voraus, was du wirklich benötigst: Überprüfe deine Vorräte und denke deine Mahlzeiten für die kommenden Tage grob durch. Schreibe deine Liste am besten in der Reihenfolge, in der du die Produkte im Geschäft findest – so vermeidest du unnötige Wege und kommst gar nicht erst in Versuchung, durch die Regale mit vermeidbaren Extras zu schlendern.

Auch digitale Einkaufslisten-Apps wie *Bring!* oder *OurGroceries* können hilfreich sein, da sie nicht nur das Organisieren erleichtern, sondern auch von überall abrufbar sind. Wenn du zusätzlich ein Haushaltsbudget festlegst und bewusst nur eine bestimmte Summe mitnimmst, fällt es dir noch leichter, dich an deine Liste zu halten und unnötige Ausgaben zu vermeiden.

Indem du dich konsequent an deine Einkaufsliste hältst, schützt du nicht nur dein Budget, sondern entwickelst auch ein bewussteres Konsumverhalten. Mit der Zeit wirst du feststellen, dass du seltener Dinge kaufst, die später ungenutzt bleiben – und genau das ist ein wichtiger Schritt hin zu einem frugalen, nachhaltigen Lebensstil.

Sei kritisch gegenüber Werbung

Werbung ist darauf ausgelegt, unsere Kaufentscheidungen zu manipulieren. Sie spricht Emotionen an und weckt Bedürfnisse, die wir vorher vielleicht gar nicht hatten. Frage dich daher kritisch: Welche Gefühle löst diese Werbung in mir aus? Brauche ich das wirklich – oder wurde mir nur eingeredet, dass ich es brauche?

Noch effektiver als Hinterfragen ist es, Werbung zu vermeiden. Nutze Adblocker, melde dich von Werbe-Newslettern ab und reduziere bewusst den Kontakt zu Shopping-Apps oder personalisierter Werbung auf Social Media. Je weniger du mit Kaufanreizen konfrontiert wirst, desto leichter fällt es dir, bewusste finanzielle Entscheidungen zu treffen.

Suche nach Alternativen

Es gibt viele Möglichkeiten, Geld zu sparen und gleichzeitig nachhaltiger zu leben. Anstatt immer neu zu kaufen, gibt es zahlreiche Alternativen, mit denen du Geld sparst und nachhaltiger lebst. Gebrauchte Produkte findest du auf Plattformen wie *Kleinanzeigen*, *Vinted* oder *Rebuy*, wo du Elektronik, Kleidung, Bücher und Möbel oft in sehr gutem Zustand zu einem Bruchteil des Neupreises bekommst. Wenn du Dinge nur selten brauchst, lohnt es sich, sie zu leihen, statt zu kaufen.

Baumärkte bieten Werkzeuge, Gartengeräte oder sogar technische Geräte zum Verleih an. Auch Tauschen ist eine gute Möglichkeit, um Kosten zu sparen. In *Facebook*-Gruppen, Tauschbörsen oder lokalen Verschenk-Communitys kannst du Gegenstände kostenlos oder im Austausch gegen andere Artikel erhalten. Durch diese Alternativen reduzierst du nicht nur unnötige Ausgaben, sondern trägst auch zu einem bewussteren und nachhaltigeren Konsumverhalten bei.

Übe dich in Geduld

Spontankäufe sind oft der größte Feind eines bewussten und frugalen Lebensstils. Besonders bei größeren Anschaffungen lohnt es sich, nicht sofort zuzuschlagen, sondern sich bewusst Zeit für die Entscheidung zu nehmen. Warte mindestens 24 bis 72 Stunden, bevor du einen Kauf tätigst – bei besonders teuren Produkten sogar mehrere Wochen. In dieser Zeit kannst du prüfen, ob du das Produkt wirklich brauchst oder ob es nur ein kurzfristiger Wunsch ist, der wieder vergeht.

Ein hilfreicher Trick ist die Wunschliste-Methode. Schreibe das Produkt mit Preis und Kaufdatum auf eine Liste oder speichere es in einem Online-Warenkorb, ohne es direkt zu bestellen. Nach einer festgelegten Zeit – zum Beispiel einem Monat – überprüfe, ob du es immer noch willst oder ob das Bedürfnis inzwischen verschwunden ist. Oft merkt man, dass es gar nicht so wichtig war, und spart sich das Geld.

Zusätzlich solltest du diese Wartezeit nutzen, um, wie vorher beschrieben, Produkte zu vergleichen und Alternativen zu prüfen. Indem du dich in Geduld übst und Impulskäufe vermeidest, kannst du langfristig viel Geld sparen und sicherstellen, dass du dein Budget nur für wirklich sinnvolle Anschaffungen nutzt.

Fazit

Wenn du die Mechanismen der Konsumpsychologie verstehst und die genannten Strategien anwendest, kannst du dein Konsumverhalten nachhaltig verändern und damit weit mehr als nur Geld sparen – du kannst dein gesamtes finanzielles Fundament stärken. Ein bewusstes Konsumverhalten ist der Schlüssel zu einem zufriedenen Leben im Einklang mit den Prinzipien des Frugalismus. Es ermöglicht dir, dein Einkommen optimal zu nutzen, anstatt es für kurzfristige Wünsche oder unnötige Ausgaben zu verschwenden.

Wenn du deine Ausgaben kritisch hinterfragst und überflüssigen Konsum reduzierst, bleibt mehr Geld übrig, das du gezielt für deine langfristigen Ziele einsetzen kannst. Dieser finanzielle Spielraum gibt dir nicht nur mehr Freiheit und Sicherheit im Alltag, sondern eröffnet auch die Möglichkeit, dein Geld sinnvoll anzulegen und für dich arbeiten zu lassen. Jeder Euro, den du nicht für impulsive Käufe ausgibst, kann dazu beitragen, dass du langfristig Vermögen aufbaust und finanziell besser dastehst.

Statt dein Einkommen einfach nur durch die Hände rinnen zu lassen, kannst du es bewusst steuern und für eine Zukunft einsetzen, in der Geld kein ständiger Stressfaktor mehr ist. So erschaffst du nicht nur finanzielle Stabilität, sondern auch mehr Lebensqualität, da du die Kontrolle über deine Finanzen übernimmst.

Zusammenfassend hier die wichtigsten Vorteile eines bewussten Konsums als Übersicht und Motivation für dich, um dein Konsumverhalten zu verändern:

- **Geld effizienter nutzen**
  Unnötige Ausgaben vermeiden dein Einkommen gezielt einsetzen.
- **Mehr finanzielle Stabilität**
  Weniger Konsum bedeutet mehr Sicherheit und Kontrolle über dein Geld.
- **Vermögen aufbauen**
  Ersparnisse können investiert werden und langfristig für dich arbeiten.
- **Weniger Stress**
  Finanzielle Sicherheit reduziert Sorgen und schafft Ruhe.
- **Nachhaltiger leben**
  Weniger Konsum schont Ressourcen und reduziert Verschwendung.
- **Mehr Zufriedenheit**
  Dein Geld fließt in Dinge, die dir wirklich wichtig sind und dich langfristig glücklich machen.

Die Macht der Gewohnheiten: Dein Weg zu einem bewussteren Konsum

Unser Konsumverhalten ist selten eine bewusste Entscheidung – viel häufiger folgt es Mustern, die wir uns über Jahre hinweg angewöhnt haben. Warum greifen wir immer wieder zu denselben Produkten? Warum fällt es uns so schwer, Impulskäufe zu vermeiden? Und weshalb bleibt bewusster Konsum oft nur eine gute Absicht? Die Antwort liegt in unseren Gewohnheiten.

Im vorherigen Kapitel hast du erfahren, wie psychologische Mechanismen unser Kaufverhalten beeinflussen. Werbung, soziale Normen und Emotionen lenken unsere Entscheidungen oft unbemerkt und treiben uns dazu, mehr zu konsumieren, als uns guttut. Doch dieses Wissen allein reicht nicht aus, um unser Verhalten wirklich zu ändern – entscheidend ist, wie wir mit diesem Wissen umgehen. Denn nur wenn wir neue, bessere Gewohnheiten entwickeln, können wir langfristig bewusst konsumieren und finanzielle Stabilität aufbauen.

Ein nachhaltiger und bewusster Umgang mit Geld und Konsum beginnt nicht mit einer einmaligen Entscheidung, sondern mit einem schrittweisen Wandel unserer Routinen. Genauso wie wir uns das Zähneputzen oder regelmäßigen Sport angewöhnt haben, müssen wir auch bewusstes Einkaufen, Sparen und Investieren in unseren Alltag integrieren. Der Schlüssel dazu liegt in der Macht der Gewohnheiten.

In diesem Kapitel erfährst du, wie Gewohnheiten entstehen, warum sie so mächtig sind und wie du sie gezielt verändern kannst. Du wirst lernen, wie du nachhaltige Routinen entwickelst, die dich nicht nur finanziell unabhängiger, sondern auch zufriedener machen. Mach dich bereit, dein Konsumverhalten von Grund auf zu transformieren – nicht durch Verzicht, sondern durch bewusste, kluge Gewohnheiten.

Die Entstehung einer Gewohnheit: Ein dreistufiger Prozess

Gewohnheiten sind wie kleine, automatisierte Programme in unserem Gehirn. Sie laufen im Hintergrund ab, ohne dass wir viel darüber nachdenken müssen. Aber wie entstehen diese Programme eigentlich?

Der mit dem Pulitzer-Preis ausgezeichnete Investigativreporter und Autor Charles Duhigg hat ein Modell entwickelt, das die Entstehung einer Gewohnheit in drei Phasen unterteilt:

1. **Der Auslöser**
   Jede Gewohnheit beginnt mit einem Auslöser. Das kann ein bestimmter Ort, eine bestimmte Zeit, eine bestimmte Person oder auch ein Gefühl sein. Dieser Auslöser fungiert wie ein Startsignal für unser Gehirn und signalisiert: „Jetzt ist Zeit für die Gewohnheit". Zum Beispiel könnte das Schauen einer spannenden Serie am Abend der Auslöser dafür sein, eine Tüte Chips zu öffnen.

2. **Die Routine**
   Die Routine ist die eigentliche Handlung, die zur Gewohnheit wird. Im Beispiel des Chipsessens wäre die Routine das Öffnen der Tüte, das Greifen nach einem Chip und das Kauen.

3. **Die Belohnung**
   Am Ende jeder Gewohnheit steht eine Belohnung. Diese Belohnung kann körperlicher oder emotionaler Natur sein. Im Falle des Chipsessens ist die Belohnung der schöne Geschmack und das Gefühl der Zufriedenheit.

Warum ist Belohnung so wichtig?

Unser Gehirn ist darauf programmiert, Belohnungen zu suchen und zu wiederholen. Jede Handlung, die mit einer positiven Erfahrung verbunden ist, wird mit höherer Wahrscheinlichkeit wiederholt. Das liegt daran, dass unser Gehirn nach Mustern sucht und diese dann automatisiert, um Energie zu sparen. Mit der Zeit wird die Verbindung zwischen einem bestimmten Auslöser (z. B. Feierabend), einer Routine (z. B. Schokolade essen) und einer Belohnung (z. B. Glücksgefühl) so stark, dass sie zur Gewohnheit wird.

Diese Mechanismen kannst du dir zunutze machen, um neue, positive Gewohnheiten zu etablieren. Indem du dir nach dem Abschluss einer

Aufgabe eine kleine Belohnung gönnst, verstärkst du das gewünschte Verhalten. Wichtig ist, dass die Belohnung zu der neuen Gewohnheit passt und für dich persönlich motivierend ist.

Gewohnheiten verändern unser Leben

Positive Gewohnheiten sind wie sonnenbeschienene Wege, die dich zu einem erfüllten Leben führen. Wenn du regelmäßig Sport treibst, stärkst du nicht nur deinen Körper, sondern auch deinen Geist. Gesunde Ernährung versorgt dich mit Energie und schützt dich vor Krankheiten. Solche positiven Gewohnheiten sind wie treue Begleiter, die dich auf deinem Weg unterstützen.

Negative Gewohnheiten hingegen sind wie versteckte Schlaglöcher, die dich auf deinem Weg aus der Bahn werfen können. Rauchen beispielsweise schädigt deine Lunge und erhöht das Risiko für Krebs. Der übermäßige Konsum von Zucker kann zu Übergewicht und Diabetes führen. Solche negativen Gewohnheiten sind wie Ketten, die dich fesseln und daran hindern, dein volles Potenzial auszuschöpfen.

Die gute Nachricht ist: Du hast die Macht, deine Gewohnheiten zu verändern. Mit ein wenig Disziplin und Willenskraft kannst du negative Gewohnheiten durch positive ersetzen. Stell dir vor, du tauschst das Rauchen gegen einen Spaziergang an der frischen Luft oder den Zuckerkonsum gegen gesundes Obst. Jeder kleine Schritt in die richtige Richtung bringt dich deinem Ziel näher.

Schädliche Gewohnheiten durchbrechen

Wie bereits erwähnt, sind Gewohnheiten wie kleine Maschinen, die in unserem Kopf laufen. Sie bestehen aus drei genannten Teilen: **Auslöser**, **Routine** und **Belohnung**. Um eine schädliche Gewohnheit zu ändern, müssen wir an dieser Kette ansetzen. Nutze die folgenden vier Schritte, um eine schädliche Gewohnheit abzustellen.

1. **Erkenne deine persönlichen Auslöser**
   Der erste Schritt zur Veränderung deiner Gewohnheiten ist es, die Auslöser zu identifizieren, die dich in alte Muster zurückfallen lassen. Indem du deine persönlichen Auslöser kennst, verstehst du die Mechanismen, die deine Gewohnheiten antreiben. Es ist wie das Lösen

eines Rätsels: Sobald du den Schlüssel zum Rätsel gefunden hast, kannst du anfangen, die Lösung zu konstruieren.

Wie kannst du deine Auslöser identifizieren? Ein Tagebuch kann dir dabei helfen, Muster zu erkennen und deine Auslöser zu identifizieren. Nimm dir jeden Tag ein paar Minuten Zeit, um aufzuschreiben, was du gegessen, was du getan und wie du dich dabei gefühlt hast. Achte besonders auf die Situationen, in denen du zu ungesunden Entscheidungen greifst. Zusätzlich solltest du auf deine Gedanken und Gefühle achten. Was denkst du, bevor du eine bestimmte Handlung ausführst? Fühlst du dich gestresst, gelangweilt oder einsam? Außerdem ist es hilfreich, deine Umgebung zu analysieren. Gibt es bestimmte Orte oder Menschen, die dich dazu verleiten, ungesunde Entscheidungen zu treffen?

Nehmen wir an, du möchtest weniger Süßigkeiten essen. Vielleicht stellst du fest, dass du besonders oft nach einer stressigen Arbeit zu einer Tafel Schokolade greifst. In diesem Fall ist der Stress dein Auslöser. Sobald du deine Auslöser identifiziert hast, kannst du Strategien entwickeln, um ihnen entgegenzuwirken. Wenn Stress dein Auslöser ist, könntest du beispielsweise lernen, Entspannungstechniken wie Meditation oder Yoga anzuwenden. Oder du könntest versuchen, deine Arbeitsumgebung so zu gestalten, dass sie weniger Stress verursacht.

Indem du deine Gedanken und Gefühle schriftlich festhältst, kannst du deine Gewohnheiten besser verstehen und gezielter an ihrer Veränderung arbeiten. Die Identifizierung deiner persönlichen Auslöser ist der erste und wichtigste Schritt zur Veränderung deiner Gewohnheiten. Wenn du verstehst, was deine Handlungen antreibt, kannst du gezielte Maßnahmen ergreifen, um deine Ziele zu erreichen.

2. **Unterbrich die Routine**
   Nachdem du nun deine persönlichen Auslöser identifiziert hast, ist der nächste Schritt, die Routine zu unterbrechen, die sich an diese Auslöser anschließt. Stell dir vor, deine Gewohnheiten sind wie ein gut eingefahrener Weg. Um eine neue Richtung einzuschlagen, musst du bewusst von diesem Weg abweichen. Wenn du immer wieder dieselbe Handlung ausführst, wird diese Handlung zur Gewohnheit. Unterbrich diese Routine und ermögliche deinem Gehirn, neue neuronale Verbindungen zu schaffen. Das heißt, du baust quasi einen neuen Weg in deinem Gehirn.

Wie kannst du deine Routine unterbrechen? Anstatt nach einem anstrengenden Arbeitstag zum Kühlschrank zu greifen, könntest du stattdessen eine Runde um den Block gehen oder ein entspannendes Bad nehmen. Etabliere eine neue Routine und erlaube deinem Gehirn, sich an neue Verhaltensweisen zu gewöhnen. Mit der Zeit wird die neue Routine zur Gewohnheit und die alte wird vergessen. Es ist normal, dass du manchmal zurückfällst. Wichtig ist, dass du nicht aufgibst, sondern einfach wieder bei deiner neuen Routine anfängst. Wenn du deine Handlungen bewusst veränderst, ermöglichst du deinem Gehirn, neue neuronale Verbindungen zu schaffen und so neue Gewohnheiten zu etablieren.

3. **Finde neue Belohnungen**
Nachdem du deine alten Gewohnheiten unterbrochen und neue Routinen etabliert hast, ist der nächste Schritt, dir selbst eine Belohnung zu geben. Diese Belohnung sollte für dich einen motivierenden Anreiz darstellen, bei deinen neuen Gewohnheiten zu bleiben.

Belohnungen verstärken das gewünschte Verhalten. Wenn du dir nach einem erfolgreichen Workout eine entspannende Dusche gönnst oder dich nach einer Woche gesunder Ernährung mit einem neuen Buch belohnst, verbindest du positive Gefühle mit deiner neuen Gewohnheit. Das vereinfacht es, bei der Sache zu bleiben. Die richtige Belohnung hängt ganz von deinen persönlichen Vorlieben ab. Es kann alles sein, was dir Freude bereitet: ein Gefühl der Zufriedenheit, ein gesteigertes Selbstbewusstsein, ein neues Kleidungsstück, ein Besuch im Kino oder ein Abendessen mit Freunden. Überlege dir, was dir wirklich wichtig ist. Was möchtest du erreichen? Mehr Energie haben? Besser schlafen? Dich wohler in deinem Körper fühlen? Sei kreativ! Es gibt unzählige Möglichkeiten, dich selbst zu belohnen. Variiere deine Belohnungen, damit sie nicht an Reiz verlieren.

Wichtig ist, dass die Belohnung zur Handlung passt und zeitnah erfolgt. Je schneller du deine Belohnung erhältst, desto stärker ist die Verbindung zwischen der Handlung und der Belohnung. Außerdem sollte die Belohnung etwas sein, worauf du dich wirklich freust. Indem du dir selbst Belohnungen gibst, machst du die Entwicklung neuer Gewohnheiten zu einem positiven Erlebnis.

4. **Sei geduldig und flexibel**
Gewohnheiten zu ändern ist wie das Umziehen eines großen, schweren Schranks. Es erfordert Geduld und manchmal auch ein bisschen

Muskelkraft. Du wirst nicht einfach über Nacht eine neue Gewohnheit entwickeln. Sei also geduldig mit dir selbst. Dein Gehirn ist wie ein gut ausgetretener Pfad. Alte Gewohnheiten sind die tiefen Spuren, die dieser Pfad hinterlassen hat. Um einen neuen Pfad anzulegen, musst du diesen alten Pfad immer wieder bewusst verlassen und den neuen beschreiten. Das dauert seine Zeit.

Es ist völlig normal, dass du zwischendurch mal wieder in alte Muster verfällst. Aber gib nicht auf! Jeder Rückschlag ist eine neue Chance zu lernen und zu wachsen. Sei nicht zu hart zu dir selbst. Akzeptiere den Rückschlag als Teil des Prozesses. Analysiere die Situation: Was hat dazu geführt, dass du in alte Muster zurückgefallen bist? Welche Auslöser gab es? Passe deine Strategie an. Wenn du merkst, dass deine bisherige Strategie nicht funktioniert, probiere etwas Neues aus. Setze kleine, erreichbare Ziele. Große Ziele können überwältigend sein. Teile dein Ziel in kleinere Schritte auf.

Darüber hinaus ist es wichtig, flexibel zu bleiben und deine Pläne gegebenenfalls anzupassen. Wenn etwas nicht funktioniert, probiere etwas anderes aus. Gewohnheiten zu ändern, ist eine Reise, keine Destination. Es ist ein Prozess, der Zeit, Geduld und Flexibilität erfordert. Sei geduldig mit dir selbst und feiere jeden kleinen Erfolg. Denk daran: Jeder Schritt, den du in Richtung deiner Ziele gehst, ist ein Schritt in die richtige Richtung.

Neue, positive Gewohnheiten etablieren: Schritt für Schritt zu einem bewussteren Konsum

Das Durchbrechen alter Gewohnheiten ist nur die halbe Miete, erst wenn du neue, positive Routinen entwickelst, kannst du dein Konsumverhalten wirklich nachhaltig verändern. Gerade im Frugalismus geht es nicht darum, sich radikal einzuschränken, sondern kluge Entscheidungen zu treffen, die langfristig mehr Zufriedenheit und finanzielle Sicherheit bringen. Stell dir vor, du musst nicht mehr diszipliniert gegen Impulskäufe ankämpfen, stattdessen wird dein bewusster Umgang mit Geld zur Selbstverständlichkeit, fast wie von allein.

Doch wie schafft man es, solche Gewohnheiten zu etablieren? Der Schlüssel liegt im richtigen System: Anstatt nur schlechte Angewohnheiten zu eliminieren, musst du bewusst neue Routinen aufbauen, die dich dabei unterstützen, durchdachte Konsumentscheidungen zu treffen. Dabei spielt der Belohnungsmechanismus eine entscheidende Rolle, denn unser Gehirn verstärkt Verhaltensweisen, die uns positive Ergebnisse liefern. Im Folgenden erwarten dich vier entscheidende Schritte, mit denen du neue, positive Gewohnheiten nicht nur aufbaust, sondern sie so fest in deinen Alltag integrierst, dass sie ganz selbstverständlich Teil deines Lebens werden.

1. **Setze dir erreichbare Ziele**
   Große Veränderungen beginnen oft mit kleinen, machbaren Schritten. Wenn du versuchst, von heute auf morgen dein gesamtes Konsumverhalten umzukrempeln, kann das schnell überwältigend wirken und zu Frustration führen. Stattdessen ist es viel effektiver, erreichbare Ziele zu setzen, die dir kontinuierliche Erfolge ermöglichen und dich motivieren, dranzubleiben.

   Statt dir vorzunehmen, sofort radikal alle Ausgaben zu minimieren, könntest du zunächst kleine Schritte machen, beispielsweise eine Woche lang alle Ausgaben zu protokollieren oder gezielt ein günstiges, selbst gekochtes Gericht in deinen Wochenplan zu integrieren. So schaffst du überschaubare Erfolge, die dich motivieren, dein Ziel langfristig zu verfolgen. Jeder kleine Schritt bringt dich deinem Ziel näher und stärkt dein Selbstvertrauen. Kleine Ziele haben noch einen weiteren Vorteil: Sie machen dich flexibler. Das Leben ist voller Überraschungen und manchmal kommt es vor, dass wir von unseren Plänen abweichen müssen. Wenn deine Ziele jedoch klein und überschaubar sind, fällt es dir leichter, dich wieder auf den richtigen Weg zu bringen. Kleine Ziele sind einfacher anzupassen, wenn sich deine Umstände ändern, und sie sind realistischer und daher leichter zu erreichen.

   Um deine Ziele noch wirkungsvoller zu gestalten, hilft es, sie positiv zu formulieren und schriftlich festzuhalten. Eine bewährte Methode ist die SMART-Formel: Diese besagt, dass deine Ziele spezifisch, messbar, attraktiv, realistisch und terminiert sein sollen. Das bedeutet zum Beispiel, nicht einfach nur „Ich möchte weniger Geld ausgeben" zu sagen, sondern konkret festzulegen: „Ich werde im nächsten Monat meine Ausgaben um 100 Euro reduzieren, indem ich zweimal pro Woche selbst koche und keine Impulskäufe mehr tätige."

   Durch das Setzen erreichbarer sowie klar definierter Ziele machst du den Übergang zu einem bewussteren Konsum nicht zu einer anstrengenden Pflicht, sondern zu einer positiven Erfahrung, die dir Schritt für Schritt mehr finanzielle Sicherheit und Zufriedenheit bringt.

2. **Finde einen Begleiter**
   Gemeinsam macht es noch mehr Spaß. Stell dir vor, du möchtest regelmäßig Sport treiben. Mit einem Trainingspartner bist du viel eher dazu motiviert, auch an Tagen, an denen dir nicht danach ist, deine Laufschuhe anzuziehen. Genauso ist es, wenn du eine neue, positive Gewohnheit etablieren möchtest. Einen Begleiter zu haben, heißt nicht nur, dass du jemanden hast, mit dem du dich über deine Fortschritte austauschen kannst. Es bedeutet auch, dass ihr euch gegenseitig herausfordern und unterstützen könnt. Vielleicht entdeckt ihr gemeinsam neue Wege, euer Ziel zu erreichen, tauscht euch über eure Erfahrungen aus und plant sogar gemeinsame Aktionen. Mit einem Begleiter an deiner Seite machst du den Übergang zu einer neuen, positiven Gewohnheit nicht nur einfacher, sondern auch viel angenehmer. Denn gemeinsam seid ihr stärker!

   Ein Begleiter kann dich motivieren, wenn du mal einen Durchhänger hast. Er bietet dir Unterstützung bei Herausforderungen und ermöglicht es dir, gemeinsam Lösungen zu finden. Und nicht zuletzt macht nachhaltiger Konsum mit einem Begleiter einfach mehr Spaß. Frage dein Umfeld, ob jemand Interesse hat, sich dir anzuschließen. Suche in sozialen Medien nach Gruppen, die sich mit dem Thema beschäftigen. Melde dich zu Workshops oder Kursen an, um Gleichgesinnte zu treffen.

3. **Belohne dich**
   Genau wie bei der Durchbrechung negativer Gewohnheiten solltest du dich selbst für jede kleine Veränderung, die du erreicht hast, belohnen. Feiere deine Erfolge! Sich neue, positive Gewohnheiten anzueignen, erfordert Zeit und Durchhaltevermögen. Damit du langfristig motiviert bleibst, ist es wichtig, dich für deine Fortschritte zu belohnen. Denn unser Gehirn liebt Belohnungen – sie verstärken gutes Verhalten und machen es wahrscheinlicher, dass du dranbleibst.

   Aber wie sieht eine sinnvolle Belohnung aus? Sie sollte dich motivieren, aber nicht deinem Ziel entgegenwirken. Statt also zur Belohnung unüberlegt Geld auszugeben, kannst du bewusst Dinge wählen, die dir Freude bereiten und gleichzeitig dein neues Konsumverhalten unterstützen.

Hier sind einige Ideen:

- **Genieße bewusst einen Wohlfühlmoment**
  Eine gemütliche Tasse Kaffee mit deinem Lieblingsbuch oder ein Wellnessabend zu Hause mit Gesichtsmaske und selbstgemachtem Cocktail - einfache, aber wirkungsvolle Möglichkeiten, dir etwas Gutes zu tun.
- **Gönn dir etwas Sinnvolles**
  Vielleicht hast du eine Wunschliste mit Dingen, die du wirklich brauchst. Ein schönes gebrauchtes Accessoire oder ein inspirierendes Buch sind tolle Belohnungen, die nicht nur Freude bereiten, sondern auch deinen bewussten Konsum unterstreichen.
- **Erlaube dir eine kleine Ausnahme - aber gezielt**
  Du hast einen Monat lang deine Ausgaben reduziert? Dann kannst du dir bewusst ein besonderes Essen gönnen oder dir eine kleine Erfahrung leisten, die dich glücklich macht, ohne in alte Muster zurückzufallen.
- **Nutze Ersparnisse für größere Ziele**
  Wenn du durch bewussteren Konsum Geld gespart hast, kannst du einen Teil davon für etwas Größeres zur Seite legen - vielleicht für eine Reise, einen Kurs oder ein langfristiges Investment in deine Zukunft.

Auch bei diesem Belohnungssystem gilt: Das Wichtigste ist, dass du dich auf deine Belohnung wirklich freust. Sie soll dich motivieren, weiterzumachen und dir zeigen, dass sich dein neuer Lebensstil nicht nach Verzicht, sondern nach Gewinn anfühlt. Denn genau darum geht es: Bewusster Konsum soll dir mehr Lebensqualität schenken und nicht weniger!

4. **Sei geduldig und flexibel**
   Wie auch bei der Durchbrechung von negativen Gewohnheiten ist es ganz normal, dass es eine Weile dauert, bis sich neue Gewohnheiten festsetzen. Es ist völlig okay, manchmal wieder in alte Muster zu fallen. Wir sind alle nur Menschen. Wichtig ist, dass du aufstehst und weitermachst. Analysiere, was schiefgelaufen ist und passe deine Strategie an.

Du hast nun ein grundlegendes Verständnis davon, wie man positive Gewohnheiten etabliert. Die Motivation ist da, aber vielleicht fehlt noch die konkrete Inspiration für den Anfang deiner frugalen Reise. Welche Gewohnheiten sind die richtigen, um deine Ziele zu erreichen?

Um dir den Einstieg zu erleichtern, findest du hier einige Beispiele für Konsumgewohnheiten, die dir als Inspiration dienen können. Diese Beispiele sind nicht als starre Vorgaben zu verstehen, sondern als Anregungen, die du an deine individuellen Bedürfnisse anpassen kannst. In Teil II werden dir hierzu noch detaillierte Tipps und Hinweise gegeben.

Beispiele für neue, positive Konsumgewohnheiten:

- **Bewusster einkaufen**
  Eine Einkaufsliste ist dein bester Freund. Sie hilft dir, gezielt einzukaufen und Impulskäufe zu vermeiden. Überlege dir vor deinem Einkauf, was du wirklich benötigst und halte dich an deine Liste. Achte außerdem auf die Qualität der Produkte und kaufe lieber weniger, dafür aber etwas Besseres.

- **Reparieren statt wegwerfen**
  Bevor du etwas wegwirfst, überlege dir, ob es sich reparieren lässt. Oft ist eine kleine Reparatur ausreichend, um die Lebensdauer eines Produkts erheblich zu verlängern. Das schont nicht nur deine Finanzen, sondern du tust auch etwas Gutes für die Umwelt.

- **Secondhand shoppen**
  Secondhand-Läden, Flohmärkte und Online-Plattformen bieten eine riesige Auswahl an gebrauchten Produkten. Ob Kleidung, Möbel oder Haushaltsgeräte – hier findest du oft einzigartige Stücke zu einem Bruchteil des Neupreises.

- **Eigenes Essen kochen**
  Fertiggerichte sind bequem, aber oft auch voller Zusatzstoffe und Verpackungsmüll. Indem du mehr selbst kochst, hast du die volle Kontrolle über deine Ernährung und kannst gezielt auf regionale und saisonale Produkte zurückgreifen.

- **Digital Detox**
  Unser Smartphone begleitet uns fast überallhin. Doch die ständige Erreichbarkeit kann stressig sein und unsere Konzentration beeinträchtigen. Lege regelmäßig dein Smartphone weg und widme dich anderen Dingen, wie einem Spaziergang in der Natur, einem guten Buch oder einem Gespräch mit Freunden und Familie.

Deine Gewohnheiten sind die Werkzeuge, mit denen du dein Leben gestaltest. Wenn du bewusst auf deine Konsumgewohnheiten achtest und neue, nachhaltigere Gewohnheiten entwickelst, kannst du nicht nur Geld sparen und vermehren, sondern auch ein erfülltes Leben führen.

Um diesen Prozess zu unterstützen, dienen die Konzepte des Frugalismus als wertvoller Leitfaden. Frugalistische Konzepte, wie bewusster Konsum, Finanzbewusstsein und nachhaltige Persönlichkeitserfüllung, bilden die Grundlage für die Entwicklung sinnvoller Gewohnheiten. Konkret bedeutet dies, durch bewusste Entscheidungen den Konsum zu reduzieren, durch Sparen und Investieren finanzielle Sicherheit zu erlangen und sich auf Erfahrungen und persönliche Entwicklung zu konzentrieren. Durch den Aufbau von Gewohnheiten, die diese Konzepte unterstützen, kannst du deine Ausgaben kontrollieren, dein Vermögen vermehren und ein Leben führen, das deinen Werten entspricht.

Dein persönlicher Finanzplan: So erschaffst und hältst du dein Budget

Stell dir vor, dein Geld wäre ein Garten – aber nicht irgendein Garten, sondern ein lebendiges, dynamisches Ökosystem, das du mit Hingabe und Strategie gestaltest. Jede Pflanze, die du setzt, jede Entscheidung, die du triffst, hat Auswirkungen auf deine zukünftige Ernte. Der Frugalismus lehrt dich, wie du mit kluger Planung deinen finanziellen Garten so bewirtschaftest, dass er nicht nur kurzfristig blüht, sondern langfristig eine üppige Ernte abwirft.

Ein Finanzplan ist dabei dein Gartenplan – eine detaillierte Karte, die dir zeigt, wo du sparsam säen, wo du investieren und wo du geduldig warten musst. Es geht nicht darum, jeden Cent zu horten, sondern darum, Ressourcen sinnvoll einzusetzen, um ein nachhaltiges finanzielles Ökosystem zu schaffen. Wie ein geschickter Gärtner, der weiß, wann er düngen, wässern oder zurückschneiden muss, lernst du, deine Ausgaben zu optimieren, Schulden zu vermeiden und gezielt in deine Zukunft zu investieren.

Dein finanzieller Garten ist also mehr als nur ein Ort, an dem du Geld anbaust. Er ist ein Spiegelbild deiner Werte, deiner Ziele und deiner Lebensphilosophie. Mit jedem Samen, den du säst, und jedem Unkraut, das du jätest, gestaltest du nicht nur deine finanzielle Zukunft, sondern auch dein Leben. Und wer weiß? Vielleicht erntest du eines Tages nicht nur finanzielle Sicherheit, sondern findest auch ein glückliches und selbstbestimmtes Leben – ganz im Sinne des Frugalismus.

Warum ein Finanzplan so wichtig ist

Ein Finanzplan gibt dir die Kontrolle über dein Geld. Du siehst auf einen Blick, wofür dein Geld ausgegeben wird und wo du vielleicht sparen kannst. Es hilft dir, unerwartete Ausgaben abzufangen und langfristige Ziele wie eine Reise, eine größere Anschaffung oder den Ruhestand zu finanzieren. Ein vernünftiger Finanzplan ist die absolute Basis für den Vermögensaufbau, insbesondere im Frugalismus!

Ich erinnere mich noch gut an den Moment, als ich zum ersten Mal meinen Kontoauszug genau unter die Lupe genommen habe. Ich war schockiert, wie viel Geld für kleine, unnötige Dinge wie Streaming-Dienste und spontane Einkäufe draufgegangen war. Aber anstatt mich davon entmutigen zu lassen, habe ich das als Weckruf gesehen. Ich habe beschlossen, meine Finanzen selbst in die Hand zu nehmen.

Der erste Schritt war, alle meine Abos zu überprüfen. Ich habe mich hingesetzt und bin jedes einzelne Abo durchgegangen – von *Spotify* über *Amazon Prime* bis hin zu kleineren Diensten, die ich kaum noch genutzt habe. Mit ein paar Klicks habe ich dann die unnötigen Abos gekündigt. Es war erstaunlich, wie schnell sich dadurch meine monatlichen Ausgaben reduziert haben.

Parallel dazu habe ich angefangen, mein Ausgabeverhalten genau zu beobachten. Ich habe mir eine Finanz-App zugelegt und jede Ausgabe sorgfältig eingetragen. Einige gute Finanz-Apps findest du etwas weiter unten im Kapitel. So hatte ich immer einen Überblick darüber, wofür mein Geld ausgegeben wurde. Am Anfang war das sehr disziplinierend und ich habe oft vergessen, meine Ausgaben einzutragen. Aber nach ein paar Monaten wurde es zur Routine. Dank meines Finanzplans konnte ich genau sehen, wie weit ich von meinen Sparzielen entfernt war und wo ich noch Potenzial zum Sparen hatte.

Mein erstes Sparziel war, jeden Monat 100 Euro zur Seite zu legen. Das mag für manche wenig erscheinen, aber für mich war es ein großer Schritt. Am Anfang war es schwierig, auf gewisse Dinge zu verzichten, aber mit der Zeit habe ich gemerkt, dass ich die gesparten Euros gar nicht vermisse. Mit jedem gesparten Euro wuchs mein Selbstbewusstsein und meine Motivation. Ich habe angefangen, kreativer zu werden, wenn es darum ging, Geld zu sparen. Ich habe mehr gekocht, anstatt ständig Essen zu bestellen, und meinen Kleiderschrank ausgemistet. Secondhand-Läden sind zu meinen neuen Lieblingsgeschäften geworden. Und weißt du was? Es hat mir sogar Spaß gemacht, nach neuen Sparmöglichkeiten zu suchen!

Heute spare ich 50-60 Prozent meines Einkommens und kann mir ein Leben ohne große finanzielle Sorgen vorstellen. Aber das Wichtigste ist: Ich habe gelernt, wie grundlegend es ist, bewusst mit Geld umzugehen. Wenn du auch deine Finanzen in den Griff bekommen möchtest, dann fang einfach klein an: Überprüfe deine Abos, erstelle einen Finanzplan und setze dir realistische Sparziele. Und vergiss nicht: Es braucht Zeit und Disziplin, bis ein Finanzplan zur Gewohnheit wird. Aber die Mühe lohnt sich!

Schritt für Schritt zum eigenen Finanzplan

1. **Bestandsaufnahme:**
   Deine aktuelle finanzielle Situation analysieren
   Der erste Schritt zu einem soliden Finanzplan beginnt mit einem ehrlichen Blick auf deine aktuelle finanzielle Situation. Stell dir vor, du öffnest eine Schublade voller Belege, Kontoauszüge und digitaler Zahlungsnachweise. Ein bisschen Chaos? Vielleicht. Doch genau hier setzt deine Bestandsaufnahme an.

   Setz dich mit einem Kaffee an den Tisch und bring Ordnung in deine Finanzen. Notiere alle deine Einnahmen – Gehalt, Nebeneinkünfte, vielleicht sogar Zinsen aus Ersparnissen. Deinen Einnahmen gegenüber listest du deine Ausgaben auf. Ein einfacher Trick: Sieh dir die Kontoauszüge der letzten drei Monate an. So bekommst du ein realistisches Bild davon, wohin dein Geld fließt. Unterteile deine Ausgaben in feste Kosten, wie Miete, Versicherungen oder Abos, und variable Kosten, etwa für Einkäufe, Restaurantbesuche oder Freizeitaktivitäten. Vergiss auch deine Schulden nicht – seien es Raten für ein neues Smartphone oder ein Kredit, der noch abbezahlt wird.

2. **Finanzielle Ziele setzen:**
   Kurz- und langfristige Meilensteine definieren
   Sobald du deine Finanzen durchleuchtet hast, geht es ans Setzen von Zielen. Stell dir vor, du planst eine Reise. Würdest du einfach loslaufen, ohne zu wissen, wohin es geht? Wahrscheinlich nicht. Genau deshalb brauchst du finanzielle Meilensteine.

   Kurzfristig kann das ein neues Fahrrad sein, ein Konzertticket oder ein kleines Polster für unerwartete Ausgaben. Langfristig denkst du vielleicht an ein Eigenheim, eine Weltreise oder eine sorgenfreie Rente. Schreibe diese Ziele auf und priorisiere sie, um Klarheit zu schaffen.

3. **Budget erstellen:**
   Die 50-30-20-Regel anwenden
   Jetzt kommt das eigentliche Herzstück deines Finanzplans: das Budget. Eine bewährte Methode ist die 50-30-20-Regel: 50 Prozent deines Einkommens für feste Ausgaben, 30 Prozent für Freizeit, Hobbys und persönliche Wünsche, während 20 Prozent in Sparziele und Schuldenabbau fließen.

Doch keine Sorge – das ist kein starres System. Wer wenig Fixkosten hat, kann vielleicht mehr sparen. Wer gerade einen großen Kredit abbezahlt, muss an anderer Stelle kürzen. Der Schlüssel ist eine Anpassung an deine individuelle Lebenssituation. Forme die Regel so, dass sie zu dir passt.

4. **Tools nutzen:**
   Das richtige Werkzeug für dein Budget
   Um dein Budget im Blick zu behalten, brauchst du das richtige Werkzeug. Bist du jemand, der gerne Zahlen in *Excel* jongliert und eigene Kategorien erstellt? Dann erstelle eine Tabelle mit Einnahmen und Ausgaben. Oder möchtest du es lieber bequem? Dann helfen Finanz-Apps wie *YNAB (You Need a Budget)*, *Finanzguru* oder *Money Manager*, die deine Ausgaben automatisch kategorisieren. Auch viele Online-Banking-Apps bieten inzwischen clevere Budgetfunktionen.

5. **Finanzplan pflegen:**
   Regelmäßige Überprüfung und Anpassung
   Ein Finanzplan ist kein einmaliges Projekt – er muss gepflegt werden. Nimm dir am Monatsanfang ein paar Minuten Zeit, um zu überprüfen, ob du auf Kurs bist. Wenn sich dein Leben verändert – sei es durch einen neuen Job, eine Gehaltserhöhung oder eine größere Anschaffung – passe dein Budget entsprechend an.

Mit einem gut durchdachten Finanzplan navigierst du sicher durch deinen finanziellen Alltag. Es gibt dir die Freiheit, deine Ziele zu verfolgen und gleichzeitig für unvorhergesehene Ereignisse gewappnet zu sein. Denk daran, dein Finanzplan ist kein starres Korsett, sondern ein flexibles Werkzeug, das du an deine Bedürfnisse anpassen kannst.

Geld wächst nicht von allein. Aber mit einem guten Plan und etwas Disziplin kannst du deine Finanzen so gestalten, dass sie dir ein Leben in Zufriedenheit ermöglichen.

Spartricks für den Alltag

Kleine Veränderungen im Alltag können enorme Auswirkungen auf dein Leben haben – besonders auf deine Finanzen. Schon minimale Anpassungen, wie der Verzicht auf den täglichen Coffee to go oder das Kochen zu Hause statt des regelmäßigen Restaurantbesuchs, summieren sich über die Zeit zu beträchtlichen Beträgen. Diese scheinbar unbedeutenden Entscheidungen haben eine verblüffende Hebelwirkung, vor allem in Lebensphasen, in denen du bisher nicht viel verdienst.

Warum ist das so? Wenn du in einem Stadium bist, in dem dein Einkommen noch gering ist, macht jeder gesparte Euro einen größeren prozentualen Anteil aus. Sparst du beispielsweise 10 Prozent eines kleinen Gehalts, gewöhnst du dich nicht nur früh an einen bescheidenen Lebensstil, sondern legst auch den Grundstein für eine solide finanzielle Basis. Diese frühen Spargewohnheiten entfalten langfristig eine enorme Dynamik, sei es durch Zinseszinsen, Investitionen oder einfach durch das Sicherheitsnetz, das du dir aufbaust. Mit dem Erkennen und Nutzen der kleinen Hebel im Alltag kannst du deine finanzielle Zukunft aktiv gestalten.

In unserer Konsumgesellschaft herrscht oft der Druck, mitzuhalten und immer das Neueste zu besitzen. Soziale Medien vermitteln uns ein Bild von einem Leben voller Luxus und scheinbarer Leichtigkeit. Doch dieser Schein trügt oft. Wer sich von diesem Druck leiten lässt, gerät schnell in eine finanzielle Abhängigkeit.

Bewusstes Sparen bedeutet, sich von diesem Konsumwahn zu lösen und eigene Prioritäten zu setzen. Es geht darum, bewusst zu konsumieren und nur das zu kaufen, was man wirklich braucht. Wer spart, hat nicht weniger, sondern mehr. Denn er entscheidet selbst, wie er sein Geld ausgibt und welche Ziele er verfolgt.

Bewusstes Sparen ist ein Ausdruck von Selbstbestimmung. Es ermöglicht dir, deine Träume zu verwirklichen, ohne dich von äußeren Einflüssen abhängig zu machen. Ob es darum geht, eine Weltreise zu unternehmen, eine eigene Wohnung zu kaufen oder einfach nur ein finanzielles Polster für unvorhergesehene Ereignisse aufzubauen – wenn du richtig sparst, hast du die Kontrolle über deine Zukunft.

Natürlich ist es nicht immer leicht, dem gesellschaftlichen Druck zu widerstehen. Aber denk daran: Dein Leben gehört dir. Du hast das Recht, deine eigenen Entscheidungen zu treffen und deine eigenen Werte zu leben. Und dazu gehört auch, bewusst mit Geld umzugehen und für deine Zukunft zu sorgen. **Bewusstes Sparen ist kein Verzicht, sondern eine Investition in dich selbst.**

Ein paar Sparhacks für den Alltag

Im Folgenden findest du einige praktische Tipps, mit denen ich selbst mein Geld strecken konnte. In unserem hektischen Alltag ist es oft gar nicht so einfach, den Überblick über unsere Finanzen zu behalten. Doch mit ein paar kleinen Veränderungen kannst du ganz einfach anfangen zu sparen. In Teil II gehe ich dann noch genauer auf einige dieser Spartipps ein. Hier werde ich sie nur kurz besprechen, sodass man eine gute Übersicht hat und du dich davon schon einmal inspirieren lassen kannst.

Sparsamkeit: Die Kunst des Nein-Sagens

Ich erinnere mich noch gut an die Zeit, als ich fast jedes Angebot mitnahm. Ein neues Kleidungsstück im Sale? Musste sein! Ein Gadget, das ich eigentlich gar nicht brauchte? Warum nicht? Doch irgendwann merkte ich, dass mein Kleiderschrank überquoll und mein Geldbeutel leerer wurde. Die Frage „Brauche ich das wirklich?"hat mein Konsumverhalten komplett verändert. Ich habe angefangen, mir bewusst zu machen, was ich wirklich brauche und was nur ein Wunsch ist. Und weißt du was? Die Welt hat sich nicht zum Negativen verändert, wenn ich mal auf etwas verzichtet habe.

Koch dich glücklich und spare dabei

Am Ende der Woche lohnt sich ein Blick in den Kühlschrank: Welche Zutaten sind noch übrig? Gibt es Reste, die vielleicht schon in Vergessenheit geraten sind, aber noch verwertet werden können? Mach doch ein kreatives Spiel daraus: Stell dir die Herausforderung, aus diesen Resten ein überraschend leckeres Gericht zu zaubern. Auf diese Weise förderst du nicht nur deine Kreativität, sondern sparst auch Geld, rettest wertvolle Lebensmittel und entdeckst vielleicht ganz neue Lieblingsrezepte. Manchmal entstehen aus solchen spontanen Ideen die besten Gerichte!

Bargeld statt Karte – ein echter Augenöffner

Als ich begann, meine Ausgaben mit Bargeld zu verfolgen, war ich überrascht, wie schnell das Geld verschwand. Zum ersten Mal wurde mir klar, wie viel ich für unnötige Dinge ausgab – oft ohne es überhaupt zu bemerken. Das physische Handhaben von Bargeld verändert die Wahrnehmung: Jedes Mal, wenn ich einen bestimmten Betrag in mein Portemonnaie legte, wurde ich bewusster, wie oft und wofür ich Geld ausgab.

Im Gegensatz dazu sind Zahlungen mit der EC-Karte verlockend unkompliziert. Ein Impulskauf hier, eine kleine Ausgabe da – und im schlimmsten Fall rutscht man schnell ins Dispo, ohne es sofort zu merken. Bargeld jedoch setzt klare Grenzen: Wenn das Portemonnaie leer ist, ist es leer. Allein der Gedanke, erst zum nächsten Geldautomaten laufen zu müssen, ist oft Hürde genug, um von einem unnötigen Kauf Abstand zu nehmen.

Kaufe gebraucht

Bevor du etwas Neues kaufst, stelle dir die Frage: Gibt es vielleicht eine gebrauchte Alternative? Egal, ob es um Kleidung, Werkzeuge oder andere Dinge des Alltags geht – die Chance ist groß, dass du hochwertige, gut erhaltene Produkte finden kannst, die nicht nur deinen Geldbeutel schonen, sondern auch die Umwelt. Falls das bisher nicht zu deiner Routine gehört, ist jetzt der perfekte Zeitpunkt, eine neue Gewohnheit zu entwickeln: Schau dich zuerst nach gebrauchten Alternativen um. Oft wirst du überrascht sein, welche Schätze sich dort finden lassen – und gleichzeitig trägst du aktiv zu einem nachhaltigeren Konsum bei.

Energie im Alltag sparen

Energiesparen ist nicht nur gut für die Umwelt, sondern auch für deinen Geldbeutel. Achte auf deine Heizung: Jeder Grad weniger spart Geld. Lüfte kurz und intensiv statt dauerhaft gekippt. Beim Strom kannst du viel sparen, wenn du die Geräte ausschaltest, LED-Lampen verwendest und den Kühlschrank richtig einstellst. Wasser sparst du, indem du kürzer duschst, tropfende Hähne reparierst und die Spülmaschine voll belädst.

Nutze ein Balkonkraftwerk, um deine Energiekosten zu senken! Stelle das Solarsystem auf deinem Balkon oder der Terrasse auf, richte es optimal zur Sonne aus und schließe es direkt über eine Steckdose an dein Stromnetz an. So erzeugst du deinen eigenen Strom und sparst bei jeder Sonnenstunde bares Geld.

Suche nach Rabatten

Bevor du neue Gegenstände kaufst – sei es aus Notwendigkeit oder einfach, weil du es möchtest – lohnt sich ein Blick auf mögliche Rabatte. Heutzutage stehen dir unzählige Apps und Internetseiten zur Verfügung, die speziell darauf ausgelegt sind, dir bei der Suche nach den besten Angeboten zu helfen.

Das Gleiche gilt übrigens auch für Lebensmittel! Viele Supermärkte und Discounter bieten in ihren eigenen Apps regelmäßig Rabattaktionen an. Oft lassen sich diese Angebote ganz einfach aktivieren und direkt beim Einkauf nutzen. Mit ein wenig Vorbereitung kannst du so nicht nur deinen Geldbeutel schonen, sondern auch beim Einkaufen ein gutes Gefühl haben.

Und ganz wichtig: Setz dir kleine Belohnungen für erreichte Meilensteine. Ob ein gemütlicher Abend im Restaurant oder ein neues Buch – es sind diese kleinen Momente, die dir zeigen, dass sich dein bewusster Umgang mit Geld lohnt.

Zentrale Erkenntnisse aus Teil I

Frugalismus ist weit mehr als nur eine Methode zum Sparen – es ist eine bewusste Entscheidung für ein erfüllteres und selbstbestimmtes Leben. In diesem Teil I hast du erfahren, wie tief unser Konsumverhalten durch psychologische Mechanismen, Gewohnheiten und äußere Einflüsse geprägt ist. Werbung, soziale Normen und Emotionen lenken oft unbewusst unsere Kaufentscheidungen und führen dazu, dass wir mehr ausgeben, als wir eigentlich müssten oder wollten. Doch mit dem richtigen Wissen und praktischen Strategien kannst du lernen, diese Einflüsse zu durchbrechen und dein Konsumverhalten aktiv zu steuern.

Ein zentrales Element des Frugalismus ist die bewusste Auseinandersetzung mit unseren finanziellen Gewohnheiten. Wir haben gesehen, dass unser Kaufverhalten oft von Emotionen gesteuert wird – sei es durch die Suche nach sozialer Anerkennung, den Wunsch nach Zugehörigkeit oder den Versuch, kurzfristige Glücksgefühle zu erzeugen. Indem du deine Kaufmotive hinterfragst und lernst, zwischen echten Bedürfnissen und bloßen Wünschen zu unterscheiden, kannst du unnötige Ausgaben reduzieren und dein Geld gezielt für das einsetzen, was dich wirklich weiterbringt.

Dabei spielen auch Routinen und Gewohnheiten eine entscheidende Rolle. Automatisierte Kaufmuster – ob täglicher Coffee-to-go, unüberlegte Online-Bestellungen oder der Gang in den Supermarkt ohne Einkaufsliste – summieren sich über die Zeit und können ein erhebliches Loch in dein Budget reißen. Doch das Gute ist: Genau wie wir uns schlechte Gewohnheiten antrainiert haben, können wir auch neue, positive Routinen etablieren. Die bewusste Kontrolle über deine Finanzen beginnt damit, alte Muster zu erkennen, gezielt zu durchbrechen und durch nachhaltigere Verhaltensweisen zu ersetzen.

Um langfristig finanzielle Stabilität zu erreichen, ist ein strukturiertes Budget unverzichtbar. In diesem Teil des Buches hast du gelernt, wie du ein Budget erstellst, das zu deinem Lebensstil passt, und wie du mit einfachen Methoden wie der 50-30-20-Regel oder digitalen Hilfsmitteln den Überblick über deine Finanzen behältst. Ein durchdachtes Budget hilft dir nicht nur dabei, Schulden zu vermeiden und für zukünftige Ziele zu sparen, sondern gibt dir auch ein Gefühl von Kontrolle und Sicherheit über deine finanzielle Situation.

Zusätzlich habe ich dir praktische Sparstrategien vorgestellt, die dir helfen, deinen Alltag effizienter zu gestalten. Ob es um den bewussten Verzicht auf Impulskäufe, den Kauf von Secondhand-Produkten, das Nutzen von Rabattaktionen oder die Vermeidung unnötiger Abonnements geht – kleine Veränderungen können über die Zeit eine große Wirkung entfalten. Jede gesparte Summe bringt dich deinem Ziel näher, sei es eine größere Reise oder einfach mehr Spielraum für das, was dir wirklich wichtig ist.

Das wichtigste Learning

Frugalismus bedeutet nicht Verzicht, sondern bewusste Priorisierung. Es geht nicht darum, auf alles zu verzichten oder sich einzuschränken, sondern darum, dein Geld gezielt so einzusetzen, dass es dir langfristig mehr Zufriedenheit, Freiheit und Lebensqualität bringt. Jeder Euro, den du nicht für impulsive oder unnötige Käufe ausgibst, kann stattdessen für deine persönlichen und finanziellen Ziele genutzt werden – sei es durch kluge Investitionen, die Schaffung eines Notfallpolsters oder die Finanzierung von Erfahrungen, die dir wirklich etwas bedeuten.

Wenn du beginnst, dein Konsumverhalten bewusst zu steuern und dein Budget gezielt zu optimieren, wirst du feststellen, dass du mehr Kontrolle über dein Leben gewinnst. Du bist nicht länger von äußeren Einflüssen getrieben, sondern entscheidest selbst, was wirklich wichtig ist. Genau darin liegt die wahre Stärke des Frugalismus: Er ermöglicht dir, dein Leben nach deinen eigenen Werten und Vorstellungen zu gestalten.

TEIL II

Frugal leben in verschiedenen Lebensbereichen

Im ersten Teil hast du bereits ein sehr gutes Grundverständnis für ein frugales Leben erhalten. Jetzt geht es darum, die Theorie in die Praxis umzusetzen. In diesem Kapitel möchte ich dir zeigen, wie du den Frugalismus in verschiedenen Lebensbereichen deines Alltags integrierst. Egal, ob es um Wohnung, Ernährung, Reisen, Freizeitgestaltung oder Mode geht, es gibt unzählige Möglichkeiten, um Geld zu sparen und gleichzeitig eine gute Lebensqualität zu haben.

Bist du bereit, deine Finanzen selbst in die Hand zu nehmen und bewusster zu konsumieren? Du wirst staunen, wie viele kleine Veränderungen einen großen Unterschied machen können.

Was erwartet dich in diesem Teil?

- **Wohnen**
  Wie du Wohnkosten durch einfache Maßnahmen senken kannst.
- **Essen**
  Wie du deine Ernährung umstellst, um gesünder zu essen und gleichzeitig Geld zu sparen.
- **Reisen**
  Wie du preiswerte Reisen nutzen kannst, ohne auf Abenteuer zu verzichten.
- **Freizeit**
  Wie du deine Freizeitgestaltung nachhaltiger und kostengünstiger gestalten kannst.
- **Kleidung**
  Wie du deinen Kleiderschrank reduzierst und nachhaltiger einkaufst.

Lass uns gemeinsam loslegen und dein Leben ein Stück weit nachhaltiger sowie erfüllender gestalten und dabei auch noch dein Vermögen zu vermehren, um ein glückliches und finanziell sicheres Leben zu haben!

Dein Zuhause neu denken: So sparst du bei den Wohnkosten

Stell dir vor, du wachst morgens auf und musst dir keine Sorgen um die nächste Mietzahlung machen. Klingt gut, oder? Dieses Gefühl von finanzieller Sicherheit, wenn die Miete gesichert ist und noch genügend Geld für all die schönen Dinge des Lebens übrig bleibt, ist unbezahlbar. Wohnen ist ein fundamentaler Bestandteil unseres Lebens und gleichzeitig oft einer der größten Kostenfaktoren. Überdenke dein Wohnkonzept und reduziere deine Wohnkosten, wodurch du den Grundstein für ein finanziell sicheres Leben legst.

Frugalismus legt großen Wert auf das Reduzieren von Ausgaben. Und Wohnen ist ein Bereich, in dem du besonders viel sparen kannst. Denn dein Zuhause ist nicht nur ein Ort zum Schlafen und Essen, sondern auch ein Ausdruck deiner Persönlichkeit und deiner Werte. Wenn du deine Wohnkosten senkst, hast du mehr Geld für die Dinge, die dir wirklich wichtig sind: Reisen, Hobbys, Weiterbildung oder einfach nur mehr Zeit für dich selbst.

Aber wie kannst du deine Wohnkosten senken? Es gibt viele Möglichkeiten, dies zu tun. Im Folgenden nenne ich dir meine Tipps, um deine Wohnkosten zu reduzieren.

Wohnen teilen – Mehr als nur eine Wohnung

Eine Wohngemeinschaft ist mehr als nur eine kostengünstige Wohnform. Sie ermöglicht dir, neue Menschen kennenzulernen, Erfahrungen zu teilen und gemeinsam den Alltag zu gestalten. Indem du die Kosten für Miete, Nebenkosten und Lebensmittel teilst, kannst du viel Geld sparen. Außerdem lernt man in einer WG, Kompromisse einzugehen und Rücksicht zu nehmen – wertvolle Fähigkeiten für das Leben.

Das Zusammenziehen mit deinem Partner ist eine weitere großartige Möglichkeit, um deine Wohnkosten zu senken. Ihr mietet euch eine gemeinsame Wohnung und könnt euch die Kosten für Miete, Nebenkosten und Einrichtung teilen. Natürlich ist es wichtig, dass ihr beide bereit seid, Kompromisse einzugehen und klare Regeln für den gemeinsamen Haushalt aufzustellen.

Weniger ist mehr – Die Vorteile kleiner Wohnungen

Du brauchst nicht unbedingt eine riesige Wohnung, um dich wohlzufühlen. Eine kleinere Wohnung ist nicht nur günstiger in der Miete, sondern auch einfacher zu reinigen und zu heizen. Überlege dir genau, welche Räume du wirklich benötigst und verzichte auf alles Überflüssige. Mit cleveren Einrichtungsideen kannst du auch in kleinen Räumen eine gemütliche Atmosphäre schaffen.

Energieeffizient wohnen – Gut für die Umwelt und deinen Geldbeutel

Wenn du deine Wohnung energieeffizienter gestaltest, kannst du deine Heiz- und Stromkosten deutlich reduzieren. Achte deshalb bei einer Wohnung oder einem Haus nicht nur auf die Lage, Größe und Ausstattung, sondern auch auf eine gute Energieeffizienz. Eine energieeffiziente Immobilie kann langfristig erhebliche Einsparungen bei den Heiz- und Stromkosten bedeuten. Eine gute Dämmung, moderne Fenster und eine effiziente Heizungsanlage sind gute Voraussetzungen für energieeffizientes Wohnen. Zusätzlich solltest du bei der Wohnungssuche auf das Energieeffizienzlabel des Gebäudes achten, das Auskunft über den Energieverbrauch gibt. Ein guter Energiestandard, wie KfW-Effizienzhäuser, kann nicht nur die Umwelt schonen, sondern auch deine monatlichen Nebenkosten erheblich senken.

Außerdem kannst du in deinem Heim alte Glühbirnen gegen LED-Lampen austauschen und darauf achten, regelmäßig, aber kurz zu lüften. Auch kleine Veränderungen in deinem Verhalten, wie das Abschalten von Geräten im Stand-by-Betrieb, können einen großen Unterschied machen.

Selbst machen – Kreativität spart Geld

Selbermachen lohnt sich in vielerlei Hinsicht. Wer kreativ ist und handwerklich anpackt, kann viel Geld sparen und gleichzeitig Spaß am Gestalten und Reparieren haben. Oft braucht es nur das richtige Werkzeug und ein wenig Wissen, um Dinge selbst zu erledigen, statt teure Fachkräfte zu beauftragen. Ideen und Anleitungen gibt es reichlich – ob in Büchern, Online-Tutorials oder durch den Austausch mit erfahrenen Freunden und Bekannten.

Gerade Anfänger sollten mit kleinen Projekten starten, um Erfahrungen zu sammeln. Einfache Reparaturen, das Streichen von Möbeln oder das Verlegen eines neuen Bodens sind ideale Einstiege. Mit der Zeit wächst das Können, und größere Herausforderungen wie Renovierungsarbeiten oder das Bauen eigener Möbel werden machbar. Materialien müssen nicht immer teuer sein. Viele Baumärkte bieten Restposten zu günstigen Preisen an, und in Secondhand-Bauhöfen oder bei Abrisshäusern lassen sich oft noch brauchbare Baustoffe finden.

Upcycling ist eine weitere Möglichkeit, um mit Kreativität und wenig Budget neue Dinge zu erschaffen. Alte Möbel können abgeschliffen, neu gestrichen oder mit anderen Elementen kombiniert werden. Selbst scheinbar unbrauchbare Gegenstände bekommen mit etwas Fantasie eine neue Funktion. Wer sich regelmäßig mit DIY-Projekten beschäftigt, entwickelt nicht nur handwerkliches Geschick, sondern auch ein besseres Verständnis dafür, wie Dinge funktionieren – eine Fähigkeit, die langfristig hilft, Reparaturen und Renovierungen selbstbewusst anzugehen und viel Geld zu sparen.

Flexibel bleiben – Wohnen auf Zeit

Wenn du dich nicht an einen festen Ort binden möchtest, kannst du auch über Wohnformen wie Serviced Apartments oder Coliving nachdenken. Beides sind Wohnkonzepte, die in den letzten Jahren immer beliebter geworden sind. Sie bieten flexible und moderne Wohnlösungen, unterscheiden sich jedoch in einigen wesentlichen Punkten.

Serviced Apartments sind voll möblierte Unterkünfte, die in der Regel für längere Aufenthalte vermietet werden. Sie bieten eine Mischung aus Hotelkomfort und privater Wohnatmosphäre. Neben der Unterkunft werden oft zusätzliche Dienstleistungen wie Reinigungsservice, Wäschereiservice und Rezeption angeboten. Serviced Apartments richten sich vor allem an Geschäftsreisende und Personen, die vorübergehend eine Unterkunft suchen.

Coliving hingegen ist ein Wohnkonzept, das auf Gemeinschaft und Austausch setzt. In Coliving-Spaces teilen sich mehrere Personen einen Wohnraum, wobei sowohl private Zimmer als auch Gemeinschaftsbereiche wie Küche, Wohnzimmer und Arbeitsräume zur Verfügung stehen. Coliving spricht vor allem junge Berufstätige, Studenten und digitale Nomaden an, die Wert auf Flexibilität und soziale Interaktion legen.

Während Serviced Apartments den Fokus auf Privatsphäre und individuellen Komfort legen, steht bei Coliving das gemeinschaftliche Leben im Vordergrund. Die Wahl zwischen Serviced Apartments und Coliving hängt von deinen persönlichen Bedürfnissen und Präferenzen ab. Wenn du Wert auf Unabhängigkeit und Ruhe legst, bist du mit einem Serviced Apartment gut bedient. Wer hingegen gerne neue Menschen kennenlernt und ein aktives soziales Leben führt, wird sich in einem Coliving-Space wohlfühlen.

Dein Zuhause ist mehr als nur vier Wände

Dein Zuhause ist mehr als nur ein Dach über dem Kopf. Es ist dein Rückzugsort, dein Ort zum Entspannen, zum Aufladen und zum Träumen. Ein Ort, an dem du dich geborgen fühlst und Kraft für deinen Alltag tankst. Deshalb ist es so wichtig, dass dein Zuhause zu dir passt und du dich dort rundum wohlfühlst.

Indem du deine Wohnkosten reduzierst, schaffst du dir mehr finanzielle Sicherheit. Mehr Geld bedeutet mehr Möglichkeiten: Reisen in ferne Länder, neue Hobbys entdecken oder einfach nur mehr Zeit für dich selbst. Vielleicht träumst du davon, einen Sprachkurs zu belegen, ein Instrument zu lernen oder dich ehrenamtlich zu engagieren. All diese Dinge sind leichter zu realisieren, wenn du nicht ständig unter finanziellem Druck stehst.

Aber Vorsicht: Beim Sparen darfst du nicht vergessen, dass dein Wohlbefinden an erster Stelle steht. Ein kleines, dunkles Zimmer in einer heruntergekommenen Wohnung mag zwar günstig sein, aber auf Dauer wird es dich unglücklich machen. Ein Zuhause, in dem du dich wohlfühlst, ist die Grundlage für dein Glück und deinen Erfolg. Denn nur wenn du entspannt und zufrieden bist, kannst du dich auch auf deine Ziele konzentrieren.

Überlege dir daher genau, was dir wichtig ist: viel Platz, eine zentrale Lage, eine ruhige Umgebung oder vielleicht sogar ein Garten? Es gibt viele verschiedene Wohnformen, von der klassischen Mietwohnung über eine WG bis hin zum Tiny House. Informiere dich gründlich und finde heraus, welche Option am besten zu deinem Lebensstil und deinen Bedürfnissen passt.

Und hab keine Angst vor Veränderung! Manchmal muss man aus seiner Komfortzone herauskommen, um neue Wege zu gehen. Vielleicht ist eine kleinere Wohnung oder eine WG genau das Richtige für dich, um deine Wohnkosten zu senken und gleichzeitig neue Menschen kennenzulernen.

Zusammenfassend kann gesagt werden: Dein Zuhause ist eine Investition in deine Zukunft. Wenn du dir bewusst machst, was dir wirklich wichtig ist und welche Wohnform am besten zu dir passt, kannst du ein Zuhause schaffen, in dem du dich wohlfühlst und glücklich bist. Und das ist die beste Voraussetzung dafür, deine Ziele zu erreichen.

Lecker und günstig: So ernährst du dich gesund und sparst Geld

Essen ist nicht nur eine Notwendigkeit, sondern auch eine unserer größten Freuden. Es verbindet uns mit Familie und Freunden, gibt uns Energie und sorgt für unser Wohlbefinden. Doch die hohen Kosten für Lebensmittel belasten oft unser Budget. Dabei kann gesundes und leckeres Essen auch günstig sein. Im Frugalismus spielt die Ernährung eine zentrale Rolle. Denn was wir essen, beeinflusst nicht nur unseren Geldbeutel, sondern auch unsere Gesundheit und die Umwelt.

Ich erinnere mich noch gut an eine Zeit, in der ich jeden Monat große Teile meines Einkommens für Lebensmittel ausgegeben habe. Ich habe oft Fertiggerichte gekauft und viel Geld in Restaurants investiert. Dabei habe ich nicht nur meinem Geldbeutel wehgetan, sondern auch meine Gesundheit vernachlässigt. Seit ich mich intensiver mit dem Thema Ernährung beschäftigt und angefangen habe, bewusster einzukaufen und zu kochen, habe ich nicht nur Geld gespart, sondern mich auch viel fitter und gesünder gefühlt.

Warum ist eine bewusste Ernährung im Frugalismus so wichtig?

- **Gesundheit**
  Eine ausgewogene Ernährung stärkt dein Immunsystem und beugt Krankheiten vor.

- **Umwelt**
  Regional und saisonal einzukaufen, schont die Umwelt und unterstützt lokale Bauern.

- **Geld sparen**
  Koche selbst und verzichte auf Fertigprodukte, und du kannst viel Geld sparen.

- **Lebensqualität**
  Selbst gekochtes Essen schmeckt nicht nur besser, sondern gibt dir auch ein Gefühl von Zufriedenheit und Selbstwirksamkeit.

Ich war früher der Meinung, dass gesundes Essen ein Luxus ist, den ich mir nicht leisten kann. Doch dann habe ich entdeckt, wie einfach und bezahlbar es sein kann, sich ausgewogen zu ernähren. Mit ein bisschen Planung und Kreativität kannst du deine Küche in eine kleine Wellness-Oase verwandeln. Im Folgenden erhältst du Tipps, um dich kosteneffizient und gesund zu ernähren.

Selbst kochen

Im vorherigen Kapitel wurde die Bedeutung des selbst Kochens bereits thematisiert. Doch gerade weil dieser Aspekt so essenziell ist, lohnt es sich, ihn noch genauer zu betrachten und seine Vorteile weiter zu vertiefen. Denn selbst gekochtes Essen hat gleich mehrere Vorteile: Es schont den Geldbeutel, fördert die Gesundheit und gibt Raum für Kreativität. Wer selbst am Herd steht, entscheidet nicht nur über Geschmack und Würze, sondern auch über die Qualität der Zutaten. Fertigprodukte und Restaurantbesuche sind oft mit versteckten Kosten verbunden – sei es in Form von künstlichen Zusatzstoffen, ungesunden Fetten oder übermäßigem Zucker.

Durch bewusste Auswahl und frische Zutaten kannst du genau bestimmen, was auf deinem Teller landet. Zudem lassen sich viele Gerichte in größeren Mengen vorkochen, sodass du Zeit und Geld sparst. Meal Prep, also das gezielte Vorbereiten von Mahlzeiten für mehrere Tage, ist eine effektive Methode, um gesunde Ernährung in einen hektischen Alltag zu integrieren.

Auch die Kreativität kommt beim selbst Kochen nicht zu kurz. Neue Rezepte auszuprobieren, eigene Variationen zu entwickeln oder Reste sinnvoll zu verwerten, macht nicht nur Spaß, sondern verhindert auch Lebensmittelverschwendung. Wer erst einmal ein paar Grundtechniken beherrscht – etwa das richtige Würzen, die Zubereitung von Soßen oder das schonende Garen von Gemüse – wird schnell feststellen, wie einfach es ist, gesunde und kostengünstige Mahlzeiten selbst zuzubereiten.

Planung ist der Schlüssel

Ein strukturierter Wochenplan für Mahlzeiten ist mehr als nur eine organisatorische Hilfe – er ist dein Schlüssel zu einem entspannteren, gesünderen und kosteneffizienteren Alltag. Stell dir vor, du kommst nach einem anstrengenden Tag nach Hause und musst nicht erst überlegen, was du kochen sollst. Stattdessen hast du bereits alles geplant: Die Zutaten liegen bereit, und du weißt, was auf den Tisch kommt. Keine Hektik, keine spontanen Fast-Food-Bestellungen, kein unnötiger Stress. Ein gut durchdachter Wochenplan gibt dir nicht nur Sicherheit, sondern schont auch deinen Geldbeutel und fördert eine ausgewogene Ernährung.

Der Trick liegt in der Vorbereitung. Beginne damit, einfache und bewährte Rezepte auszuwählen, die dir Freude bereiten und sich schnell zubereiten lassen. Plane auch Mahlzeiten ein, die du in größeren Mengen vorkochen kannst – so sparst du Zeit und kannst Reste kreativ verwerten. Ein flexibler Ansatz ist dabei entscheidend: Halte dir ein bis zwei Tage frei, um spontane Änderungen oder Resteessen zu integrieren. Achte darauf, dass dein Plan eine ausgewogene Mischung aus Gemüse, Proteinen, gesunden Fetten und Kohlenhydraten bietet.

Ein weiterer großer Vorteil ist die gezielte Einkaufsliste. Sobald dein Wochenplan steht, notierst du genau, was du benötigst, und vermeidest so Impulskäufe und unnötige Ausgaben. Gehe niemals hungrig einkaufen – das verführt dazu, mehr zu kaufen, als du brauchst. Mit einer klaren Planung und einer durchdachten Einkaufsliste sparst du nicht nur Zeit und Geld, sondern reduzierst auch Lebensmittelverschwendung. Und wer weiß – vielleicht entdeckst du dabei sogar neue Lieblingsgerichte, die deinen Speiseplan aufpeppen und deine Kochroutine bereichern!

Saisonal und regional einkaufen

Saisonales Obst und Gemüse sind nicht nur günstiger, sondern schmecken auch intensiver. Indem du regionale Produkte bevorzugst, unterstützt du außerdem die lokale Landwirtschaft. Stell dir vor, du beißt in eine reife Birne, die direkt vom Baum kommt – ihr süßlicher Geschmack ist einfach unübertroffen! Oder du genießt einen saftigen Apfel, der an einem sonnigen Herbsttag gepflückt wurde. Diese Aromen sind einfach nicht mit importierten Früchten zu vergleichen.

Wenn du saisonal und regional einkaufst, tust du nicht nur deinem Gaumen etwas Gutes, sondern auch deiner Gesundheit. Denn reife Früchte und Gemüse enthalten mehr Vitamine, Mineralstoffe und Antioxidantien als solche, die lange Transportwege hinter sich haben. Außerdem werden saisonale Produkte meist schonender angebaut, da sie nicht so lange gelagert werden müssen.

Kleine Bauernhöfe und Gärtnereien bieten oft eine größere Vielfalt an Sorten und eine höhere Qualität als große Agrarbetriebe. Wenn du deine Lebensmittel direkt beim Erzeuger kaufst, kannst du dich über Anbaumethoden informieren und sicherstellen, dass sie nachhaltig produziert werden. Doch wie findest du diese Angebote und kaufst dabei saisonal und günstig ein?

Ein guter Startpunkt sind regionale Wochenmärkte, auf denen lokale Erzeuger frisch geerntete Produkte anbieten – im Frühling Spargel, im Sommer Beeren, im Herbst Äpfel und Kürbisse. Gegen Ende des Markttages gibt es oft Rabatte, da die Händler ihre Ware loswerden möchten. Eine weitere lohnenswerte Option sind Hofläden, die direkt auf dem Bauernhof frisches Gemüse, Obst, Eier und Milchprodukte anbieten. Viele haben sogenannte Restekisten mit leicht beschädigter Ware zu reduzierten Preisen – genauso lecker, nur weniger perfekt.

Für regelmäßige Lieferungen saisonaler Produkte eignen sich Gemüse-Abos, bei denen du Kisten direkt vom Bauernhof erhältst. Oft gibt es Rabatte für langfristige Abonnements, und du entdeckst neue Sorten, die gerade Saison haben. Wenn du gerne selbst aktiv wirst, probiere Selbstpflückfelder aus, wo du Erdbeeren, Kirschen oder Äpfel selbst ernten kannst. Großmengen eignen sich hier perfekt zum Einkochen oder Einfrieren.

Auch Foodsharing-Initiativen und Solidarische Landwirtschaft (SoLaWi) sind eine Überlegung wert. Bei Foodsharing rettest du günstig oder sogar kostenlos Lebensmittel vor der Tonne, während du bei SoLaWi einen Hof finanziell unterstützt und im Gegenzug regelmäßig einen Anteil der Ernte erhältst – eine nachhaltige und verbindende Art des Einkaufens.

Lebensmittel retten – eine Kunst für sich

Kennst du das? Du findest im Kühlschrank eine vergessene Packung Joghurt oder eine schrumpelige Karotte und fragst dich: „Kann ich das noch essen?" Viel zu oft landen solche Lebensmittel im Müll – völlig unnötig! Mit ein paar einfachen Tricks kannst du aus vermeintlichen Resten noch echte Leckerbissen zaubern.

Reife Bananen mit braunen Flecken zum Beispiel sind kein Fall für die Tonne, sondern eine perfekte Zutat für ein saftiges Bananenbrot. Falls du es lieber erfrischend magst, friere sie in Stücken ein und mixe daraus später einen cremigen Smoothie. Auch schrumpelige Möhren und Paprika musst du nicht wegwerfen. Schneide sie in Stücke und friere sie ein, dann hast du immer eine schnelle Basis für Suppen, Eintöpfe oder eine würzige Gemüsepfanne. Äpfel, die nicht mehr ganz knackig sind, eignen sich hervorragend für selbstgemachtes Apfelkompott – einfach klein schneiden, mit etwas Zimt und Wasser aufkochen und genießen.

Auch Brot lässt sich wunderbar weiterverwerten, selbst wenn es schon etwas trocken geworden ist. Schneide es in Würfel, röste es mit Olivenöl und Kräutern in der Pfanne und du hast knusprige Croûtons für deinen Salat. Alternativ kannst du damit Arme Ritter oder einen herzhaften Brotauflauf zubereiten. Oder du kannst es reiben und als Semmelbrösel für Panaden nutzen.

Milchprodukte bieten ebenfalls viele Möglichkeiten zur Resteverwertung. Falls deine Milch bald abläuft, kannst du daraus selbst Quark oder Joghurt machen. Einfach mit Zitronensaft erwärmen, abseihen und fertig ist ein frischer Brotaufstrich oder eine Basis für süße und herzhafte Speisen. Auch Pfannkuchen- oder Waffelteig eignen sich perfekt, um Milch zu verbrauchen, die kurz vor dem Mindesthaltbarkeitsdatum steht.

Falls du noch mehr Anregungen suchst, gibt es zahlreiche Quellen für kreative Rezeptideen zur Lebensmittelrettung. Verschiedene Kochblogs und *YouTube*-Kanäle bieten verschiedenste Schritt-für-Schritt-Anleitungen für nachhaltiges Kochen. Auch in Kochbüchern von Zero-Waste-Experten oder unter Hashtags wie *#Resteküche* und *#FoodSaving* auf sozialen Medien findest du viele Inspirationen.

Lebensmittelverschwendung belastet nicht nur deinen Geldbeutel, sondern auch die Umwelt. Für jedes Produkt wurden Wasser, Energie und wertvolle Ressourcen aufgewendet – ein Grund mehr, es sinnvoll zu nutzen. Also werde kreativ, probiere neue Rezepte aus und mache Lebensmittelrettung zu einem festen Bestandteil deines Alltags. Dein Kühlschrank birgt mehr Möglichkeiten, als du denkst – du musst sie nur nutzen!

Gesunde Snacks für zwischendurch

Gesunde Snacks sind die perfekte Lösung, um Energie zu tanken und Heißhungerattacken vorzubeugen, ohne zu ungesunden Fertigprodukten greifen zu müssen. Oft enthalten gekaufte Snacks viel Zucker, Zusatzstoffe und leere Kalorien, die uns nur kurzfristig satt machen. Dabei gibt es viele einfache, günstige und gesunde Alternativen, die sich schnell zubereiten lassen und nicht nur dem Körper guttun, sondern auch den Geldbeutel schonen.

Frisches Obst ist eine der besten Optionen für einen schnellen und nährstoffreichen Snack. Wer Lust auf etwas Süßes hat, kann sich einen bunten Obstspieß aus saisonalen Früchten zusammenstellen, die oft günstiger sind als importierte Varianten. Ein Joghurt-Dip mit etwas Honig und Zimt macht Apfel- oder Bananenscheiben zu einer köstlichen Nascherei, die sättigt, ohne schwer im Magen zu liegen. Besonders praktisch sind gefrorene Weintrauben, die an heißen Tagen eine erfrischende Alternative zu Eis bieten und sich ganz nebenbei wunderbar als Vorrat anlegen lassen.

Auch Nüsse und Samen sind kleine Kraftpakete, die mit ihrem hohen Gehalt an gesunden Fetten und Eiweiß lange satt machen. Eine Mischung aus Mandeln, Walnüssen und Kürbiskernen ist nicht nur günstig, sondern auch leicht in kleinen Portionen mitzunehmen. Wer den süßen Geschmack vermisst, kann ein paar dunkle Schokodrops oder Trockenfrüchte untermischen. Dabei lohnt es sich, auf ungesalzene und ungesüßte Varianten zurückzugreifen, um versteckten Zucker und unnötiges Salz zu vermeiden.

Für alle, die eher auf herzhafte Snacks stehen, sind knackige Gemüsesticks mit einem leckeren Dip eine perfekte Wahl. Karotten, Gurken oder Paprika lassen sich in wenigen Minuten in Streifen schneiden und in einer Frischhaltebox aufbewahren, sodass sie jederzeit griffbereit sind. Ein selbstgemachter Hummus oder Quark-Dip mit frischen Kräutern und Zitronensaft verleiht dem Snack eine besondere Note und liefert zusätzlich wertvolle Proteine.

Wer gerne etwas Süßes nascht, ohne auf gesunde Zutaten zu verzichten, kann sich selbstgemachte Energiebällchen aus wenigen, natürlichen Zutaten zubereiten. Datteln, Haferflocken und Nüsse lassen sich mit etwas Kakao zu einer leckeren Masse verarbeiten, aus der sich kleine Kugeln formen lassen. Diese sind nicht nur günstiger als viele fertige Müsliriegel, sondern auch frei von unnötigen Zusatzstoffen. Im Kühlschrank aufbewahrt, halten sie sich mehrere Tage und sind ein perfekter Snack für unterwegs oder zwischendurch.

Auch für diejenigen, die gerne knusprige Snacks mögen, gibt es gesunde Alternativen zu Chips. Geröstete Kichererbsen aus dem Ofen werden mit etwas Olivenöl und Gewürzen wie Paprika oder Curry vermischt und knusprig gebacken. Sie sind günstig, sättigend und liefern wertvolle Ballaststoffe. Eine weitere Möglichkeit sind selbstgemachte Gemüsechips aus dünn geschnittenen Süßkartoffeln oder Grünkohl, die im Backofen gebacken werden und ohne künstliche Aromen oder übermäßiges Salz auskommen.

Damit gesunde Snacks jederzeit zur Verfügung stehen, lohnt es sich, sie im Voraus vorzubereiten. Kleine Portionen Nüsse oder Trockenfrüchte können in wiederverwendbaren Behältern aufbewahrt werden, geschnittenes Gemüse lässt sich bereits am Morgen vorbereiten, und Energiebällchen oder geröstete Kichererbsen können auf Vorrat hergestellt werden.

So hat man immer eine gesunde Alternative zur Hand und spart sich den Griff zu teuren, ungesunden Fertigprodukten.

Mit ein wenig Planung lassen sich gesunde Snacks leicht in den Alltag integrieren, ohne viel Zeit oder Geld zu investieren. Sie liefern wertvolle Nährstoffe, machen lange satt und verhindern Heißhungerattacken, die oft zu ungesunden Essgewohnheiten führen. Wer einmal angefangen hat, merkt schnell, dass gesunde Snacks nicht nur gut für den Körper sind, sondern auch richtig lecker schmecken.

Wasser ist das beste Getränk

Wasser ist dein bester Freund, wenn es um Durstlöschen geht. Es ist nicht nur gesund, sondern auch unglaublich günstig. Stell dir vor, du kommst nach einem langen Tag nach Hause und hast Lust auf etwas Erfrischendes. Anstatt zu einer teuren Limonade zu greifen, füllst du dir einfach ein Glas Wasser mit einer Scheibe Zitrone oder einem Zweig Minze. Das ist nicht nur erfrischend, sondern spart auch eine Menge Geld.

Süße Softdrinks sind voller Zucker und künstlicher Zusatzstoffe, die deinem Körper eher schaden als nutzen. Wasser hingegen spült Giftstoffe aus deinem Körper, hilft bei der Verdauung und sorgt für einen frischen Teint. Und das Beste daran: Du kannst es überall mit hinnehmen – in einer wiederverwendbaren Trinkflasche natürlich. So trägst du auch noch zum Umweltschutz bei.

Gemeinsam kochen macht Spaß

Kochen ist mehr als nur eine Notwendigkeit – es ist eine wunderbare Gelegenheit, Zeit mit Freunden oder Familie zu verbringen, kreativ zu werden und den Alltag für ein paar Stunden hinter sich zu lassen. Gemeinsam in der Küche zu stehen, Zutaten vorzubereiten, neue Rezepte auszuprobieren und am Ende ein selbst gekochtes Essen zu genießen, macht nicht nur Spaß, sondern stärkt auch das Gemeinschaftsgefühl. Und das Beste daran: Es ist oft günstiger und entspannter als ein Restaurantbesuch.

Schon die Planung kann ein kleines Event für sich sein. Statt dass eine Person für alles verantwortlich ist, kann jeder eine Aufgabe übernehmen oder eine Zutat mitbringen. So entstehen bunte Buffets, abwechslungsreiche Menüs oder ein gemütlicher Pizzaabend, bei dem jeder seine Pizza selbst belegen kann. Besonders spannend wird es, wenn man ein kulinarisches Thema wählt – ein italienischer Abend mit hausgemachter Pasta und Tiramisu, ein asiatisches Menü mit selbstgemachten Frühlingsrollen oder ein Tapas-Abend mit vielen kleinen Köstlichkeiten. Wer Lust auf eine Herausforderung hat, kann auch eine kleine Koch-Challenge daraus machen: Ein Gericht mit nur drei Hauptzutaten zaubern oder spontan aus Resten im Kühlschrank etwas Leckeres kreieren.

Während des Kochens läuft Musik, es wird geplaudert, gelacht und nebenbei auch mal probiert. Das Schöne ist, dass jeder nach seinen Fähigkeiten mithelfen kann – ob beim Schneiden, Abschmecken oder Anrichten. Dabei kann man voneinander lernen, neue Zutaten entdecken und vielleicht sogar ein neues Lieblingsgericht finden. Selbst diejenigen, die sonst wenig kochen, verlieren so schnell die Scheu vor dem Herd.

Nach dem gemeinsamen Kochen folgt der beste Teil: das Essen. Der Tisch ist liebevoll gedeckt, alle genießen zusammen die zubereiteten Gerichte, und es entsteht eine besondere Atmosphäre, die man in einem Restaurant oft nicht findet. Die Speisen schmecken besser, weil sie mit Liebe und Spaß zubereitet wurden, und das Erfolgserlebnis macht das gemeinsame Essen noch schöner. Zudem kann man gesünder und bewusster kochen, indem frische Zutaten verwendet und Fertigprodukte vermieden werden.

Ein gemeinsamer Kochabend ist nicht nur eine gesellige, sondern auch eine praktische Idee, um Geld zu sparen. Die Kosten für die Zutaten werden auf alle verteilt, und oft bleiben sogar noch Reste, die am nächsten Tag gegessen werden können. Und wenn am Ende alle mit anpacken, ist das Aufräumen schnell erledigt.

Vielleicht wird aus einem einzelnen Kochabend sogar eine regelmäßige Tradition, bei der man sich immer wieder trifft, um neue Rezepte auszuprobieren oder gemeinsame Lieblingsgerichte zu perfektionieren. Egal, ob als festes Ritual oder spontane Idee – zusammen zu kochen verbindet und sorgt für unvergessliche Momente. Also schnapp dir deine Freunde, plant euer nächstes Menü und entdeckt, wie viel Freude gemeinsames Kochen bereiten kann!

Dein Abenteuer wartet: So reist du günstig und flexibel

Stell dir vor, du stehst am Fenster, ein Reiseführer in der Hand und die Welt liegt dir zu Füßen. Doch dein Kontostand lässt es vielleicht nicht zu oder du möchtest keine Unsummen ausgeben? Keine Sorge! Mit ein wenig Kreativität und den richtigen Tipps kannst du auch mit einem begrenzten Budget unvergessliche Abenteuer erleben.

Reisen muss kein Luxus sein. Es ist ein Erlebnis, das jeder genießen kann, und das fast unabhängig vom Geldbeutel. Das Geheimnis liegt in der Planung und der Flexibilität. Anstatt auf feste Termine und Ziele zu setzen, sei offen für spontane Entscheidungen. Oft ergeben sich die schönsten Momente, wenn man einfach loszieht und sich treiben lässt.

Das Reisen mit wenig Geld ermöglicht dir auch, authentische Erfahrungen zu sammeln und Orte zu entdecken, die oft von Touristen übersehen werden. Wenn du auf ein paar Annehmlichkeiten verzichtest und stattdessen die lokale Kultur und Natur genießt, kannst du unvergessliche Erinnerungen schaffen. Hier kommen wertvolle Tipps, wie du kostengünstig reisen kannst.

Übernachten leicht gemacht

Hostels haben sich in den letzten Jahren stark weiterentwickelt. Waren sie früher oft mit spartanischen Bedingungen verbunden, bieten viele Hostels heute ein modernes, stilvolles und überraschend komfortables Ambiente. Du teilst dir zwar ein Zimmer mit anderen Reisenden, aber dafür lernst du schnell Gleichgesinnte aus aller Welt kennen. Es ist eine großartige Möglichkeit, Kontakte zu knüpfen, kulturellen Austausch zu erleben und Insidertipps für deine Reise zu erhalten.

Für alle, die noch tiefer in die lokale Kultur eintauchen möchten, ist Couchsurfing eine interessante Option. Hier schläfst du bei Einheimischen auf der Couch oder in einem Gästezimmer und erhältst einen authentischen Einblick in das Leben vor Ort. Es ist nicht nur eine kostengünstige Übernachtungsmöglichkeit, sondern auch eine Bereicherung für deine Reise.

Wenn du die Natur liebst und gerne unabhängig bist, ist Camping eine tolle Alternative. Mit deinem Zelt kannst du an den schönsten Orten übernachten und die Sterne am Himmel beobachten. Camping ist nicht nur günstig, sondern auch eine wunderbare Möglichkeit, um zu entspannen und den Alltagsstress hinter sich zu lassen.

Für Reisende, die etwas mehr Komfort und Flexibilität wünschen, bietet sich ein Wohnmobil an. Dein Zuhause ist immer dabei, und du kannst deine Route ganz spontan anpassen. Bevor du dich für den Kauf entscheidest, solltest du abwägen, ob das Mieten nicht eine bessere Option für dich ist. So kannst du die Kosten für verschiedene Modelle und Reisezeiten berechnen und herausfinden, ob das Wohnmobil-Leben deinen Bedürfnissen entspricht. Ein Wohnmobil ist zwar eine größere Investition, aber auf lange Sicht kann es sich lohnen, besonders wenn man viel reist.

Alle diese Übernachtungsmöglichkeiten haben eines gemeinsam: Sie ermöglichen es dir, unabhängig und flexibel zu reisen, ohne dabei dein Budget zu sprengen. Wenn du auf teure Hotels verzichtest und stattdessen auf Alternativen wie Hostels, Couchsurfing oder Camping setzt, kannst du dein Geld für andere Dinge ausgeben, die dir auf Reisen wirklich wichtig sind.

Essen und Trinken ohne Reichtum

Das Reisen ist nicht nur eine Reise an neue Orte, sondern auch eine kulinarische Entdeckungsreise. Doch wer sagt, dass du dafür ein Vermögen ausgeben musst? Mit ein bisschen Kreativität und einem offenen Geist kannst du auch mit kleinem Budget die vielfältigen Geschmacksrichtungen der Welt erkunden.

Stell dir vor, du wanderst über einen lebhaften Markt in einer fremden Stadt. Die Luft ist erfüllt von den Düften frischer Kräuter, reifem Obst und exotischen Gewürzen. An den Ständen türmen sich bunte Früchte und duftendes Gemüse. Hier findest du alles, was dein Herz begehrt, und das oft zu Preisen, die dich überraschen werden. Indem du deine Mahlzeiten selbst zubereitest, kannst du nicht nur Geld sparen, sondern auch die lokale Küche hautnah erleben.

In vielen Städten gibt es Gemeinschaftsküchen, in denen Reisende zusammen kochen können. Das ist nicht nur eine großartige Möglichkeit, um neue Leute kennenzulernen, sondern auch, um lokale Rezepte auszuprobieren und Tipps von erfahrenen Köchen zu bekommen. So kannst du ganz einfach deine eigenen kulinarischen Meisterwerke zaubern und dabei noch etwas über die Essgewohnheiten der Einheimischen erfahren.

Um eine passende Gemeinschaftsküche zu finden, lohnt es sich, in Hostels nachzufragen, denn viele bieten eigene Kochbereiche an oder kennen Orte, an denen Reisende gemeinsam kochen können. Auch lokale Community-Zentren, Volkshochschulen oder soziale Einrichtungen organisieren oft Kochabende, bei denen jeder willkommen ist. Eine weitere Möglichkeit sind Plattformen wie *Meetup* oder *Couchsurfing*, auf denen regelmäßig Koch-Events und kulinarische Treffen in verschiedenen Städten angeboten werden. Wer gerne authentische Gerichte ausprobieren möchte, kann auch nach sogenannten *Supper Clubs* oder Kochkursen suchen, bei denen Einheimische ihre Türen öffnen und ihr Wissen teilen. Social-Media-Gruppen und lokale *Facebook*-Communitys sind ebenfalls eine gute Anlaufstelle, um spontane Kochgelegenheiten oder Gleichgesinnte zu finden. So wird das gemeinsame Kochen nicht nur zu einem kulinarischen Erlebnis, sondern auch zu einer tollen Gelegenheit, neue Freundschaften zu schließen.

Das Kochen auf Reisen ist eine Erfahrung, die deine Sinne anspricht und dich mit neuen Kulturen verbindet. Es ist eine Möglichkeit, die Welt mit allen Sinnen zu erkunden und dabei noch etwas für deinen Geldbeutel zu tun. Denn das wahre Abenteuer liegt oft in den kleinen Dingen: in einem köstlichen Gericht, das du selbst zubereitet hast, in einem Gespräch mit einem lokalen Menschen oder einfach nur in dem Genuss, eine neue Geschmackserfahrung zu machen.

Street Food ist eine weitere großartige Möglichkeit, um die lokale Küche zu entdecken. Ob du einen knusprigen Taco in Mexiko, einen dampfenden Dim Sum in Hongkong oder einen herzhaften Wrap in Marokko probierst – Street Food ist nicht nur günstig, sondern auch unglaublich lecker. Es ist eine direkte Verbindung zur lokalen Kultur und eine tolle Möglichkeit, die Vielfalt der Straßenküchen der Welt zu erleben. Mit Apps wie *Google Maps*, *TripAdvisor* oder spezialisierten Plattformen wie *FoodPanda* oder *Yelp* kannst du schnell die besten Street-Food-Stände oder günstigen Lokale in deiner Nähe finden. Viele dieser Apps bieten Bewertungen, Fotos und Empfehlungen von anderen Reisenden, sodass du sicherstellen kannst, dass du nicht nur günstig, sondern auch lecker und gut isst.

Unterwegs sein, ohne viel auszugeben

Du stehst an einer Kreuzung in einer fremden Stadt. Taxis drängen sich, Mietwagenfirmen locken mit ihren Angeboten. Doch warum solltest du dein hart verdientes Geld für teure Transportmittel ausgeben, wenn es so viele günstigere und oft auch umweltfreundlichere Alternativen gibt?

Öffentliche Verkehrsmittel sind oft die erste Wahl für preisbewusste Reisende. Busse und Bahnen bringen dich sicher und bequem von A nach B und sind dabei meist deutlich günstiger als Taxis. In vielen Städten gibt es zudem spezielle Touristenpässe, mit denen du unbegrenzt die öffentlichen Verkehrsmittel nutzen kannst. Das ist nicht nur praktisch, sondern auch eine tolle Möglichkeit, die Stadt aus der Perspektive der Einheimischen kennenzulernen.

Fahrräder sind eine weitere großartige Option, um eine Stadt zu erkunden. Viele Städte bieten Fahrradverleihsysteme an, die oft preiswert sind. Mit dem Fahrrad bist du flexibel und kannst dich ganz individuell durch die Straßen schlängeln. Du entdeckst dabei versteckte Gassen, kleine Parks und lokale Märkte, die du mit anderen Verkehrsmitteln vielleicht übersehen würdest.

Mitfahrgelegenheiten wie *BlaBlaCar* sind eine weitere Möglichkeit, um günstig von A nach B zu kommen. Du teilst dir die Fahrt mit anderen Reisenden und sparst dabei nicht nur Geld, sondern lernst auch neue Leute kennen. Um die beste Mitfahrgelegenheit zu finden, lohnt es sich, frühzeitig nach Fahrten zu suchen und verschiedene Abfahrtszeiten zu vergleichen. Bewertungen der Fahrer und Mitfahrer können helfen, eine angenehme und sichere Fahrt zu gewährleisten.

Und dann gibt es noch die vielen kostenlosen Aktivitäten, die viele Städte zu bieten haben: Parks, Museen, Festivals und Konzerte – die Auswahl ist riesig. Oft gibt es auch kostenlose Stadtführungen, die dich zu den schönsten Orten der Stadt führen. In vielen Städten bieten sogenannte *Free Walking Tours* eine tolle Möglichkeit, die Geschichte und Geheimtipps einer Stadt kennenzulernen – ein kleines Trinkgeld für den Guide ist jedoch üblich. Museen haben oft an bestimmten Tagen oder zu bestimmten Uhrzeiten freien Eintritt, sodass es sich lohnt, die Webseiten im Voraus zu checken. Öffentliche Parks und botanische Gärten sind nicht nur wunderschöne Orte zum Entspannen, sondern auch perfekt für ein Picknick mit Lebensmitteln vom lokalen Markt. Wer auf Festivals und Konzerte steht, sollte die Veranstaltungskalender der Stadt durchforsten – oft gibt es kostenlose Open-Air-Konzerte oder Kulturveranstaltungen, die ein tolles Erlebnis bieten. Auch lokale Universitäten oder Kulturzentren veranstalten gratis Vorträge, Filmabende oder Ausstellungen, die spannende Einblicke in das Stadtleben geben. So lässt sich auch mit wenig Budget viel erleben.

Indem du dich für öffentliche Verkehrsmittel, Fahrräder, Mitfahrgelegenheiten und kostenlose Aktivitäten entscheidest, zeigst du, dass Reisen nicht immer teuer sein muss. Es geht darum, kreativ zu sein und nach Alternativen zu suchen.

Das Wichtigste ist, die Reise zu genießen

Stell dir vor, du sitzt in einem kleinen Café am Rande einer fremden Stadt. Mit einem dampfenden Kaffeebecher in der Hand beobachtest du das Treiben um dich herum. Die Sonne scheint auf die bunten Häuserfassaden, Kinder lachen auf der Straße, und der Duft von frisch gebackenem Brot erfüllt die Luft. In diesem Moment spürst du eine tiefe Zufriedenheit. Das ist es, was Reisen so besonders macht.

Es geht nicht darum, die teuersten Hotels zu buchen oder die exklusivsten Restaurants zu besuchen. Das Wichtigste ist, die Erfahrungen zu sammeln, die dich bereichern. Lerne neue Menschen kennen, tausche dich aus, lächle Fremden zu. Probiere die lokalen Spezialitäten, auch wenn sie vielleicht etwas ungewohnt schmecken. Tauche ein in die Kultur, besuche lokale Märkte, gehe zu Festivals.

Das mag vielleicht widersprüchlich klingen, aber gerade das Reisen mit einem kleineren Budget ermöglicht es dir, intensivere Erfahrungen zu machen. Denn wenn du nicht ständig darauf achten musst, ob du dir das nächste teure Erlebnis leisten kannst, bist du offener für das, was die Welt dir zu bieten hat. Du kannst dich auf die kleinen Dinge konzentrieren, die das Leben so schön machen: ein Gespräch mit einem Einheimischen, ein Sonnenuntergang am Strand, ein köstliches Straßenessen.

Natürlich ist es wichtig, ein gewisses Maß an Planung zu betreiben. Aber lass dich nicht von zu vielen Regeln einschränken. Sei spontan, sei flexibel, und lass dich überraschen. Denn oft sind es die unerwarteten Momente, die zu den schönsten Erinnerungen werden.

Reisen ist mehr als nur ein Urlaub. Es ist die Chance, neue Perspektiven zu gewinnen, über den Tellerrand hinauszuschauen und zu wachsen.

Und das Beste daran: Du kannst diese Erfahrungen auch mit einem begrenzten Budget machen. Denn wahre Reichtümer sind nicht in Geld zu messen, sondern in den Erinnerungen, die du sammelst.

Also, worauf wartest du noch? Pack deine Tasche und los geht's!

Zusätzliche Tipps:

- **Antizyklische Reisen**
  Reise außerhalb der Hauptsaison und nutze Last-Minute-Angebote.

- **Vergleiche Preise**
  Nutze Vergleichsportale für Flüge (z. B. *Skyscanner*, *Google Flights*), Unterkünfte (z. B. *Booking.com*, *Airbnb* und *Trivago*) und Aktivitäten (z. B. *GetYourGuide*, *Viator* und *Tiqets*).

- **Packe leicht**
  Weniger Gepäck bedeutet weniger Kosten.

- **Lerne Grundlagen der Landessprache**
  So kannst du dich besser zurechtfinden und vielleicht sogar ein paar Rabatte aushandeln.

Entdecke die Welt um dich herum: Freizeit ohne große Kosten

Reisen ist wunderbar, aber es ist nicht immer möglich, ständig in die Ferne zu schweifen. Zum Glück kannst du auch zu Hause viele schöne und großartige Aktivitäten in deiner Freizeit unternehmen. Insbesondere wenn in Deutschland mal die Sonne scheint, möchte man die Gelegenheit am liebsten sofort nutzen, um etwas Schönes in der Umgebung zu unternehmen. Jedoch möchtest du für solche spontanen Aktivitäten keine Unsummen ausgeben. Keine Sorge, denn es gibt unzählige Möglichkeiten, deine Freizeit sinnvoll und kostengünstig zu gestalten. Lass uns gemeinsam eintauchen in die Welt der kreativen und budgetfreundlichen Freizeitgestaltung.

Do-it-yourself (DIY) – Du kannst es selbst

Du schaust dich in deiner Wohnung um und dir fällt auf, dass etwas fehlt. Vielleicht ein hübscher Bilderrahmen für dein Lieblingsfoto oder ein praktischer Aufbewahrungskorb für Kleinigkeiten. Anstatt direkt ins Geschäft zu rennen, könntest du deine Kreativität entfalten und selbst Hand anlegen. DIY-Projekte sind nicht nur eine tolle Möglichkeit, dein Zuhause individuell zu gestalten, sondern auch eine wunderbare Beschäftigung, die sowohl Spaß macht als auch Geld spart.

Ich erinnere mich noch gut daran, als ich meinen ersten kleinen Kräutergarten auf dem Balkon angelegt habe. Mit ein paar alten Geländertöpfen, etwas Erde und einigen Päckchen Samen habe ich mir eine kleine grüne Oase geschaffen. Das Beobachten, wie aus kleinen Samen kräftige Pflänzchen wachsen, hat mich jedes Mal aufs Neue fasziniert. Und das Beste daran: Die selbst angebauten Kräuter haben nicht nur meine Küche bereichert, sondern auch mein Wohlbefinden gesteigert.

DIY-Projekte sind aber nicht nur für erfahrene Heimwerker geeignet. Auch wenn du dich nicht als besonders handwerklich begabt siehst, kannst du mit etwas Kreativität und Geduld einfache Projekte umsetzen. Das Backen eines Kuchens, das Gestalten einer Karte oder das Basteln eines Windlichts sind nur einige Beispiele – und oft macht gerade das Selbermachen besonders viel Freude.

Das Internet ist heute eine wahre Schatztruhe für DIY-Enthusiasten. Egal, ob du ein Möbelstück restaurieren, eine Lampe basteln oder ein Kleid nähen möchtest – mit ein paar Klicks findest du unzählige Anleitungen, Tipps und Tricks. Viele dieser Projekte erfordern nur wenige Materialien, die du vielleicht sogar schon zu Hause hast.

Für Möbelrestaurierungen und Holzarbeiten ist *YouTube* eine goldene Quelle. Kanäle wie beispielsweise *Home Repair Tutor* und andere DIY-Creators bieten detaillierte Schritt-für-Schritt-Anleitungen für Anfänger und Fortgeschrittene. Auch auf der Website *Instructables* findest du eine riesige Auswahl an Projekten, von Möbeln bis zu kompletten Renovierungen.

Wenn du Nähen lernen möchtest, bieten Seiten wie *Sewing.org* eine Fülle von Anleitungen und Vorlagen für Anfänger und Fortgeschrittene. Auf *Tilly and the Buttons* findest du tolle Schnittmuster und Tipps, um deine Nähfähigkeiten zu verbessern. Auch *YouTube*-Kanäle wie *Made to Sew* oder *The Crafty Gemini* bieten praktische Videoanleitungen zu verschiedenen Nähthemen.

Für Bastelprojekte wie das Erstellen von Lampen, Dekorationen oder anderen kreativen Objekten ist *Pinterest* eine exzellente Inspirationsquelle. Viele DIY-Blogger teilen hier ihre Schritt-für-Schritt-Anleitungen. Auch Websites wie *Creativebug* bieten Tutorials für eine Vielzahl von Basteltechniken und -projekten.

Um Upcycling-Projekte auszuprobieren, ist *Upcycle That* eine großartige Website für Ideen, wie du alten Dingen neues Leben einhauchst. Sie bieten Anleitungen zu einer Vielzahl von kreativen Upcycling-Projekten, von Möbeln bis zu Modeaccessoires. Weitere Quellen wie *Recyclart* bieten Inspirationen für Upcycling aus verschiedenen Materialien.

Untenstehend findest du eine übersichtliche Tabelle mit den oben genannten Websites. Die beschriebenen Quellen bieten nicht nur eine ausgezeichnete Grundlage, um DIY-Projekte zu beginnen, neue Fähigkeiten zu erlernen und kreative Ideen umzusetzen, sondern sie sind auch lebendige, sich ständig weiterentwickelnde Quellen für Inspiration. Jeden Tag tauchen neue Blogger und Websites auf, die frische Perspektiven und innovative Ansätze bieten. Die hier genannten Beispiele sind lediglich ein Ausgangspunkt – die wahre Vielfalt an Ideen und Methoden wächst kontinuierlich, was es spannend macht, stets nach neuen, aufstrebenden Ressourcen Ausschau zu halten.

Kategorie	Plattform	Kurzbeschreibung
Möbelrestaurierung & Holzarbeiten	*YouTube – Home Repair Tutor*	Schritt-fürSchritt-Anleitungen für Anfänger & Fortgeschrittene
	Instructables	Große Auswahl an Projekten (Möbel, Renovierungen etc.)
Nähen	*Sewing.org*	Anleitungen, Vorlagen für Anfänger & Fortgeschrittene
	Tilly and the Buttons	Schnittmuster & Nähtipps
	YouTube – Made to Sew *The Crafty Gemini*	Videoanleitungen zu verschiedenen Nähthemen
Bastelprojekte	*Pinterest*	Inspirationsquelle für DIY-Projekte (Lampen, Deko etc.)
	Creativebug	Tutorials für Basteltechniken & Projekte
Upcycling	*Upcycle That*	Ideen & Anleitungen für kreatives Upcycling (Möbel, Mode etc.)
	Recyclart	Inspirationen für Upcycling aus verschiedenen Materialien

Die Natur als Spielplatz

Die Natur bietet nicht nur Erholung, sondern auch Inspiration. Sie zeigt uns die Schönheit der Einfachheit und lehrt uns, den Moment zu genießen. Indem wir die Natur bewusst wahrnehmen, können wir unsere Sinne schärfen und unsere Kreativität fördern.

Ich erinnere mich noch gut an meine Kindheit, als ich fast jeden Tag draußen gespielt habe. Ich habe mit meinen Kindheitsfreunden Baumhäuser gebaut, nach Schätzen gesucht und mich in den See gestürzt. Diese Erinnerungen sind für mich unbezahlbar. Und auch heute noch genieße ich es, Zeit in der Natur zu verbringen. Ein Spaziergang im Wald hilft mir, abzuschalten und den Alltagsstress hinter mir zu lassen.

Ein leichter Wind streicht durch die Baumkronen und trägt das Zwitschern der Vögel herbei. Dieser Moment ist unbezahlbar. Die Natur ist unser größter und vielfältigster Spielplatz, und das Beste daran: Der Eintritt ist frei! Ein Spaziergang im Park, eine Fahrradtour entlang eines Flusses oder ein Picknick auf einer Wiese – die Möglichkeiten sind endlos. Und das Tolle daran ist: Du brauchst dafür kein Geld auszugeben.

Kreativ sein ohne viel Geld

Du musst kein Vermögen ausgeben, um deinen künstlerischen Geist zu entfalten. In fast jeder Stadt gibt es zahlreiche Möglichkeiten, kreative Entfaltung zu erleben, ohne dabei tief in die Tasche greifen zu müssen. Viele Städte bieten regelmäßig kostenlose oder erschwingliche kulturelle Veranstaltungen an, die du unbedingt auf dem Radar haben solltest. Stadtführungen, die dich durch verborgene Gassen und historische Gebäude führen, eröffnen dir neue Perspektiven und lassen dich deine Heimatstadt mit anderen Augen sehen. Besonders bei Events wie Open-Air-Museen oder Kunstnacht-Veranstaltungen bekommst du die Möglichkeit, Kunst und Kultur auf eine völlig neue Art zu erleben. Diese Events sind nicht nur eine spannende Möglichkeit, dein Wissen zu erweitern, sondern auch eine kreative Quelle, die deine eigenen Ideen beflügeln kann.

Darüber hinaus bieten Museen und Galerien häufig kostenlose Tage oder ermäßigte Eintritte an, die du nutzen solltest. Diese „freien Tage" sind nicht nur eine kostengünstige Möglichkeit, Kunst zu genießen, sondern auch eine ideale Gelegenheit, dich von verschiedenen Stilen und Techniken inspirieren zu lassen. In vielen Fällen gibt es auch spezielle Führungen oder Aktionen für bestimmte Zielgruppen wie Studenten,

Senioren oder Kulturinteressierte. Diese Angebote bieten dir nicht nur die Chance, Kunst zu erleben, sondern auch neue kreative Impulse zu gewinnen, die du für deine eigenen Projekte nutzen kannst.

Auch Bibliotheken sind ein echter Geheimtipp für kreative Köpfe, denn sie bieten nicht nur eine riesige Auswahl an Büchern, sondern oft auch ein vielfältiges Programm mit Lesungen, Buchclubs, Workshops oder sogar kleinen Konzerten. Diese Gelegenheiten sind ideal, um Gleichgesinnte zu treffen, dich auszutauschen und neue Ideen zu entdecken. Viele Bibliotheken bieten zudem kostenfreien Zugang zu kreativen Software-Programmen oder Materialien, die dir helfen können, deine eigenen Projekte umzusetzen. Es lohnt sich, regelmäßig nach den kreativen Programmen und Angeboten in deiner lokalen Bibliothek zu schauen. Du wirst überrascht sein, wie viel Unterstützung sie für deine kreativen Ambitionen bieten können.

Das Internet ist ein weiteres, nahezu grenzenloses Reservoir für kostenlose kreative Ressourcen. Plattformen wie *YouTube* oder verschiedene kreative Blogs bieten unzählige Tutorials zu nahezu jeder Technik – sei es digitale Kunst, Fotografie oder Schreiben. Viele Künstler und Kreative stellen ihre Inhalte kostenfrei zur Verfügung, um ihre Arbeiten zu fördern und ihre Leidenschaft zu teilen. Es gibt zahlreiche kostenlose Kurse, Workshops und Online-Communitys, die regelmäßig neue Inhalte veröffentlichen und sich mit kreativen Themen befassen. Der Austausch mit anderen Kreativen in diesen Foren kann dir nicht nur neue Perspektiven eröffnen, sondern dich auch motivieren, deine eigenen Projekte weiterzuentwickeln.

Es gibt also eine Vielzahl von Wegen, deine Kreativität zu entfalten, ohne dabei tief in die Tasche greifen zu müssen. Die Welt bietet dir zahlreiche Ressourcen und Möglichkeiten – du musst nur wissen, wo du suchen musst. Kreativität kennt keine finanziellen Grenzen.

Die Gemeinschaft entdecken

Stell dir vor, du bist Teil einer großen Familie, die einander unterstützt und inspiriert. Klingt gut, oder? Diese Gemeinschaft kannst du dir selbst schaffen, indem du dich aktiv in dein Umfeld einbringst.

Gemeinschaft stiftet nicht nur Freude, sondern auch Sinn. Wenn du dich für andere einsetzt, tust du nicht nur etwas Gutes, sondern fühlst dich auch selbst besser. Es gibt so viele Möglichkeiten, sich zu engagieren, ohne viel Geld auszugeben. Ob in Vereinen, bei Nachbarschaftsfesten oder in Freiwilligenprojekten – hier triffst du Gleichgesinnte und kannst deine Fähigkeiten teilen.

Genau das habe ich selbst erlebt, als ich kostenlos Fachvorträge über Digitalisierung hielt. Meine Fachkenntnisse unentgeltlich weiterzugeben, war für mich sowohl persönlich als auch gesellschaftlich eine sehr wertvolle Erfahrung. Die Vorträge haben mir geholfen, mein Wissen zu strukturieren und zu vertiefen, während ich gleichzeitig dazu beitragen konnte, dass andere von meinen Erfahrungen profitieren. Persönliche Entwicklung in Verbindung mit gesellschaftlichem Nutzen macht diese Tätigkeit für mich so besonders.

Warum sind solche Engagements so wichtig, gerade im Kontext des Frugalismus? Wenn du dich ehrenamtlich engagierst, sparst du nicht nur Geld, sondern investierst in etwas noch Wertvolleres: dein soziales Umfeld. Du sammelst wertvolle Erfahrungen, baust ein starkes Netzwerk auf und trägst dazu bei, deine Gemeinschaft zu verbessern. Und das alles, ohne dein Portemonnaie zu belasten.

Denke daran: Glück lässt sich nicht kaufen, aber es lässt sich teilen. Und die beste Investition, die du tätigen kannst, ist die Investition in deine Beziehungen zu anderen Menschen.

Ein neues Kapitel für deinen Kleiderschrank

Du öffnest deinen Kleiderschrank und siehst eine Flut an Klamotten, die dich eigentlich gar nicht mehr glücklich machen. Vielleicht hängen da noch die Jeans, die du vor Jahren geliebt hast, aber die jetzt nur noch Platz wegnehmen. Es ist Zeit für einen neuen Anfang! Stell dir vor, dein Kleiderschrank wäre ein Ort, an dem du dich jeden Tag aufs Neue inspirieren lässt und dich wohlfühlst. Weniger ist mehr – auch in deinem Kleiderschrank. Eine reduzierte Garderobe kann nicht nur deinen Alltag vereinfachen, sondern auch deinen Geldbeutel schonen. Bist du bereit für eine nachhaltigere und stilvolle Garderobe?

Secondhand-Mode

Secondhand-Shopping passt perfekt zum Konzept des Frugalismus. Wenn du gebrauchte Kleidung kaufst, lebst du nach dem Motto: Weniger ist mehr. Du konzentrierst dich auf die Qualität der Stücke und nicht auf die Quantität. Ich erinnere mich noch gut an das erste Mal, als ich einen Secondhand-Laden betreten habe. Ich war begeistert von der Vielfalt und der Atmosphäre. Insbesondere meine Frau liebt es, nach verborgenen Schätzen zu suchen und ihre Garderobe mit einzigartigen Stücken zu ergänzen. Das Beste beim Secondhand-Kauf ist, dass ich weiß, dass ich mit meinem Konsum etwas Gutes für die Umwelt tue.

Natürlich ist Secondhand-Mode oft deutlich günstiger als neue Kleidung. Das schont deinen Geldbeutel und lässt mehr Spielraum für andere Dinge, die dir wirklich wichtig sind. Aber es gibt noch so viel mehr Gründe, warum du Secondhand lieben wirst: Fast jedes Kleidungsstück ist ein Unikat. Du wirst kaum jemanden treffen, der genau das Gleiche trägt. Das macht dich besonders und unterstreicht deinen individuellen Stil. Indem du gebrauchte Kleidung kaufst, verlängerst du den Lebenszyklus von Textilien und reduzierst den Bedarf an neuen Produktionszyklen. Das schont Ressourcen und verringert deinen ökologischen Fußabdruck. Secondhand-Shopping ist ein bewusster Akt. Du wählst jedes Kleidungsstück sorgfältig aus und gibst ihm eine neue Bedeutung. Das steht im Gegensatz zur schnellen Konsumkultur, die uns ständig neue Trends aufdrängt. In Secondhand-Läden kannst du auf eine modische Zeitreise gehen. Vintage-Kleidung hat oft einen ganz besonderen Charme und erzählt Geschichten vergangener Epochen.

Wenn du selbst einmal Secondhand-Shopping machen möchtest, du dir aber noch unsicher bist, wie du das am besten machen sollst, hier einige Tipps für vor und nach dem Kauf:

1. **Beim Kauf**
   Secondhand-Shopping ist mehr als nur Einkaufen – es ist eine echte Schatzsuche. In den vollen Regalen und an überladenen Kleiderstangen warten besondere Stücke darauf, entdeckt zu werden. Doch dafür braucht es Geduld und ein geschultes Auge. Nimm dir Zeit, stöbere in Ruhe und prüfe jedes Teil genau. Achte auf hochwertige Materialien und eine solide Verarbeitung, denn diese sorgen dafür, dass du lange Freude an deinem Fund hast. Überprüfe dabei sorgfältig, ob Flecken, Löcher oder Abnutzungen vorhanden sind. Manche kleinen Mängel lassen sich leicht beheben, während andere den Tragekomfort oder die Haltbarkeit beeinträchtigen können.

   Ein Kleidungsstück kann auf dem Bügel noch so verlockend aussehen. Erst beim Anprobieren zeigt sich, ob es wirklich passt, bequem sitzt und deinem Stil entspricht. Lass dich dabei auch auf Neues ein! Secondhand-Läden bieten eine großartige Möglichkeit, verschiedene Schnitte, Farben oder Muster auszuprobieren, die du sonst vielleicht nicht in Betracht gezogen hättest. Oft entdeckt man dabei ganz neue Seiten an sich selbst und erweitert seinen Stil auf spannende Weise.

   Ein weiteres Highlight beim Secondhand-Shoppen: In vielen Läden sind Preisverhandlungen durchaus möglich. Besonders wenn du mehrere Teile kaufst, kannst du höflich nach einem kleinen Rabatt fragen. Freundlichkeit und ein charmantes Lächeln wirken oft Wunder – einen Versuch ist es allemal wert!

2. **Nach dem Kauf**
   Dein Secondhand-Schatz hat seinen Weg zu dir gefunden – doch bevor du ihn das erste Mal trägst, ist eine gründliche Reinigung Pflicht. Wasche das Kleidungsstück, um eventuelle Gerüche, Staub oder Bakterien zu entfernen. Bei empfindlichen Stoffen kann eine sanfte Handwäsche oder eine Runde an der frischen Luft ausreichen, um sie aufzufrischen.

   Manchmal fällt erst zu Hause auf, dass eine Kleinigkeit repariert werden muss – ein gelöster Knopf, eine offene Naht oder ein kleiner Riss. Doch keine Sorge: Mit ein wenig handwerklichem Geschick kannst du diese Mängel meist problemlos selbst beheben. Ein Nadelstich hier, ein neuer Knopf dort – und schon erstrahlt dein Fundstück in neuem Glanz.

Wer kreativ ist, kann noch einen Schritt weiter gehen und aus einem Secondhand-Fund ein echtes Unikat machen. Upcycling ermöglicht, Kleidung individuell anzupassen und ihr eine persönliche Note zu verleihen. Wenn du die Ärmel kürzt, den Stoff einfärbst oder Patches und Stickereien hinzufügst, sind deiner Fantasie keine Grenzen gesetzt und so entsteht ein neues Lieblingsteil, das nicht nur nachhaltig, sondern auch absolut einzigartig ist.

Kapselgarderobe

Neben dem Secondhand-Kauf gibt es auch noch das Konzept der Kapselgarderobe, das immer beliebter wird. Dabei setzt du auf eine kleine, aber feine Auswahl an Kleidungsstücken, die sich untereinander kombinieren lassen. So hast du weniger Klamotten im Schrank, aber mehr Kombinationsmöglichkeiten. Das klingt vielleicht erst einmal einschränkend, ist aber in Wirklichkeit unglaublich befreiend. Denn weniger ist oft mehr. Du sparst Zeit beim Zusammenstellen deiner Outfits und musst nicht mehr stundenlang vor dem Kleiderschrank stehen.

Aber eine Kapselgarderobe ist nicht nur praktisch, sondern auch nachhaltig und passt perfekt zum Konzept des Frugalismus. Indem du dich auf eine kleine Auswahl an hochwertigen Kleidungsstücken konzentrierst, reduzierst du deinen Konsum und schonst deinen Geldbeutel. Du investierst in Stücke, die lange halten und dich immer wieder aufs Neue begeistern. Und noch ein Vorteil: Weniger Kleidung bedeutet auch weniger Wäscheberge. Du musst seltener waschen und sparst somit Wasser, Energie und Waschmittel. Das ist nicht nur gut für die Umwelt, sondern auch für deine Kleidung, die länger schön bleibt.

Eine Kapselgarderobe ist also mehr als nur ein Trend. Es ist eine bewusste Entscheidung für einen nachhaltigeren und entspannteren Lebensstil. Du wirst sehen, mit einer durchdachten Kapselgarderobe fühlst du dich nicht nur gut angezogen, sondern auch gut über deine Konsumentscheidungen.

Und was ist mit dem Rest der Kleidung?

Du hast zu viele Klamotten, die du nicht mehr trägst? Bevor du sie einfach wegwirfst, überlege dir folgende Optionen:

- **Verkaufen**
  Auf Plattformen wie *Vinted* oder *Kleinanzeigen* kannst du deine alten Klamotten verkaufen und so etwas Geld zurückbekommen.

- **Tauschen**
  Organisiere einen Kleidertausch mit deinen Freunden. So kannst du deine alten Sachen loswerden und gleichzeitig neue Schätze entdecken.

- **Spenden**
  Gib deine Kleidung an gemeinnützige Organisationen oder Secondhand-Läden.

Ich habe vor einiger Zeit angefangen, meine Garderobe zu überdenken und habe mich für die Kapselgarderobe entschieden. Es hat mir nicht nur dabei geholfen, meinen Kleiderschrank zu entrümpeln, sondern auch meinen Stil zu finden. Ich fühle mich wohl in meiner Kleidung und weiß, dass ich etwas Gutes für die Umwelt tue.

Mode muss nicht immer neu sein. Indem du auf Secondhand-Mode setzt und eine Kapselgarderobe aufbaust, kannst du deinen Kleiderschrank nachhaltiger gestalten und gleichzeitig deinen persönlichen Stil unterstreichen. Probier es einfach mal aus – du wirst überrascht sein, wie viel Spaß es macht!

Zentrale Erkenntnisse aus Teil II

Frugalismus ist kein starres Sparprogramm, sondern ein ganzheitlicher Ansatz, der alle Lebensbereiche durchdringt - vom Wohnen über Ernährung bis hin zu Reisen, Freizeit und Mode. In diesem Teil hast du gelernt, wie bewusste Entscheidungen nicht nur deine Finanzen entlasten, sondern auch deine Lebensqualität steigern können.

Ein zentrales Element ist die Erkenntnis, dass frugales Wohnen weit mehr bedeutet, als einfach nur die Miete zu drücken. Ob WG-Leben, energieeffizientes Wohnen oder kreatives Selbermachen - jede Strategie schafft finanzielle Verbesserungen und gleichzeitig ein Zuhause, das Wohlbefinden und Gemeinschaft fördert. Die bewusste Reduzierung von Wohnkosten bedeutet nicht Verzicht, sondern schafft Raum für das, was wirklich zählt: mehr Geld für Reisen, Hobbys oder persönliche Entwicklung.

Ebenso zeigt sich in der Ernährung, dass frugal nicht gleichbedeutend mit langweilig oder einschränkend ist. Selbstgekochte Mahlzeiten, saisonale Produkte und kreative Resteverwertung schonen nicht nur den Geldbeutel, sondern führen oft zu einer gesünderen und bewussteren Lebensweise. Die Freude am Kochen, das Teilen von Mahlzeiten mit anderen und der Genuss frischer Zutaten machen deutlich: Frugalismus bedeutet nicht weniger, sondern mehr - mehr Geschmack, mehr Gesundheit und mehr Wertschätzung für das, was wir essen.

Beim Reisen offenbart sich die wahre Stärke des Frugalismus: Es geht nicht darum, auf Erlebnisse zu verzichten, sondern sie klug und authentisch zu gestalten. Günstige Unterkünfte wie Hostels oder Couchsurfing, lokales Street Food und kostenlose Aktivitäten ermöglichen intensive Reiseerfahrungen, ohne das Budget zu sprengen. Flexibilität und Spontanität werden zu Schlüsseln für unvergessliche Abenteuer - und zeigen, dass Reichtum nicht in Geld, sondern in Erinnerungen gemessen wird.

In der Freizeitgestaltung wird klar, dass echtes Vergnügen nicht von teuren Konsumgütern abhängt. DIY-Projekte, Naturerlebnisse und ehrenamtliches Engagement bieten nicht nur kostengünstige Alternativen, sondern oft auch tieferen Sinn und kreative Entfaltung. Wer lernt, die kleinen Dinge zu schätzen, entdeckt eine Fülle an Möglichkeiten, die kein Geld der Welt kaufen kann.

Schließlich wird im Bereich Mode sichtbar, wie Nachhaltigkeit und Stil Hand in Hand gehen können. Secondhand-Shopping und eine durchdachte Kapselgarderobe reduzieren nicht nur Ausgaben, sondern auch den ökologischen Fußabdruck und führen zu einem bewussteren Umgang mit Konsum. Mode wird nicht mehr zur Last, sondern zum Ausdruck von Individualität und Wertschätzung für Qualität.

Das wichtigste Learning

Frugalismus ist kein Verzicht, sondern eine bewusste Entscheidung für mehr Freiheit, Kreativität und Lebensfreude. Durch kluges Setzen von Prioritäten gewinnst du nicht nur finanzielle Spielräume, sondern auch Zeit, Gesundheit und Zufriedenheit. Egal, ob es um dein Zuhause, deine Ernährung oder deine nächste Reise geht. Frugales Denken eröffnet dir Wege, das Beste aus deinen Ressourcen zu machen.

Wenn du diese Prinzipien verinnerlichst, wirst du erkennen: Ein frugaler Lebensstil ist keine Einschränkung, sondern eine Bereicherung. Er ermöglicht dir, ein erfülltes Leben zu führen, nämlich nicht trotz, sondern gerade wegen der bewussten Entscheidungen, die du triffst. Und das Schönste daran? Du kannst sofort beginnen, in jedem Bereich deines Lebens kleine Veränderungen umzusetzen, die langfristig Großes bewirken.

TEIL III

Investieren und Vermögen aufbauen

Investieren ist eine wesentliche Säule im Frugalismus. Diese Säule unterscheidet das Konzept des Frugalismus signifikant vom Konzept des Minimalismus. Denn durch das Investieren kannst du grundlegend dein Vermögen aufbauen. Stell dir vor, dein Geld wären kleine Samen. Anstatt sie einfach in einer Schublade liegenzulassen, kannst du sie in fruchtbaren Boden pflanzen und sie wachsen lassen. Mit der Zeit tragen die Pflanzen Früchte. Genau das ist das Prinzip des Investierens. Du ermöglichst deinem Geld, sich zu vermehren und dir langfristig mehr zurückzubringen.

Warum ist das so wichtig? In Zeiten niedriger Zinsen auf Sparbüchern und einer ständig steigenden Inflation ist es fast unmöglich, allein durch Sparen ein Vermögen aufzubauen. Investieren bietet dir die Chance, dein Geld aktiv zu verwalten und es für dich arbeiten zu lassen. Aber keine Sorge, du musst kein Finanzgenie sein, um erfolgreich zu investieren.

In diesem Teil werden wir gemeinsam die ersten Schritte in die Welt des Investierens wagen. Ich werde dir die wichtigsten Begriffe erklären, verschiedene Anlagemöglichkeiten vorstellen und dir zeigen, wie du dein persönliches Anlageziel definierst. Egal, ob du gerade erst anfängst oder schon erste Erfahrungen gesammelt hast, hier findest du wertvolle Tipps und Tricks, um dein Vermögen langfristig aufzubauen.

Warum solltest du überhaupt investieren?

- **Finanzielle Sicherheit**
  Durch kluges Investieren kannst du dir ein stabiles finanzielles Polster aufbauen, das dir in unsicheren Zeiten Sicherheit gibt. Es ermöglicht dir, unvorhergesehene Ausgaben zu bewältigen, größere Anschaffungen wie ein Eigenheim zu tätigen oder deine Zukunft entspannt zu planen.

- **Inflationsschutz**
  Durch Inflation verliert das Geld an Kaufkraft. Investitionen können helfen, dein Vermögen zu erhalten und sogar zu steigern.

- **Teilhabe an der Wirtschaft**
  Wenn du in Aktien investierst, wirst du Teil eines Unternehmens und profitierst von dessen Erfolg.

Was erwartet dich in diesem Teil?

- **Die Grundlagen**
  Ich erkläre dir wichtige Begriffe wie Aktien, ETFs, Fonds und Diversifikation.

- **Verschiedene Anlagemöglichkeiten**
  Ich stelle dir die wichtigsten Anlageklassen vor und zeige dir die Vor- und Nachteile.

- **Risiko und Rendite**
  Ich erkläre dir den Zusammenhang zwischen Risiko und Rendite und wie du das richtige Verhältnis für dich findest.

- **Erste Schritte**
  Ich zeige dir, wie du dein erstes Investment tätigst und was du dabei beachten solltest.

Bereit, deine finanzielle Zukunft selbst in die Hand zu nehmen? Lass uns gemeinsam loslegen und dein Geld für dich arbeiten!

(!) **Wichtiger Hinweis:** Die hier gemachten Angaben dienen lediglich der allgemeinen Information und stellen keine Anlageberatung dar. Die genannten Beispiele erfüllen einzig den Zweck der Illustration und sind nicht als Kauf- oder Verkaufsempfehlungen zu verstehen. Die Wertentwicklung vergangener Investments ist kein verlässlicher Indikator für zukünftige Ergebnisse. Investitionen sind mit Risiken verbunden. Bitte informiere dich gründlich und ziehe gegebenenfalls einen Finanzberater hinzu.

Die Grundlagen des Investierens: Einfach erklärt für Anfänger

Bevor wir uns die verschiedenen Anlagemöglichkeiten anschauen, solltest du ein paar wichtige Begriffe kennen und verstehen. Ohne das Verständnis dieser Begrifflichkeiten wirst du nur schwer den weiteren Inhalten dieses Kapitels folgen können. Falls du diese Begriffe noch nicht kennst, nimm dir bitte die Zeit und lies sorgfältig diesen Abschnitt. Wenn dir die Begriffe bereits geläufig sind, kannst du diesen Teil des Buches auch gerne überspringen und zum nächsten Abschnitt „Welche Anlageform passt zu dir?“ gehen.

Tages- und Festgeld

Tagesgeld und Festgeld sind zwei klassische Formen der Geldanlage, die sich vor allem durch ihre Verfügbarkeit und Verzinsung unterscheiden. Beide gehören zu den sicheren Anlageformen, da sie in der Regel durch die gesetzliche Einlagensicherung bis zu einem bestimmten Betrag geschützt sind.

Tagesgeld: Flexibel und jederzeit verfügbar

Ein Tagesgeldkonto ist ein verzinstes Konto, auf das jederzeit Ein- und Auszahlungen möglich sind. Es eignet sich besonders für kurzfristige Geldanlagen, da keine feste Laufzeit vereinbart wird und das Guthaben jederzeit verfügbar bleibt. Die Zinsen auf Tagesgeldkonten können variieren, da sie von der Bank regelmäßig an das aktuelle Zinsniveau angepasst werden. Dies bedeutet also, dass du einen Monat drei Prozent Zinsen auf das Erspartes bekommen kannst und in einem anderen dann nur ein Prozent Zinsen bekommst.

Festgeld: Feste Laufzeit, stabiler Zinssatz

Beim Festgeld handelt es sich um eine Anlageform mit einer festen Laufzeit, die zwischen wenigen Monaten und mehreren Jahren liegen kann. Während dieser Zeit bleibt das Geld auf dem Konto und kann nicht vorzeitig abgehoben werden. Im Gegenzug erhält der Sparer einen festen Zinssatz, der über die gesamte Laufzeit konstant bleibt.

Die Börse: Der Marktplatz für Wertpapiere

An der Börse treffen sich Menschen, die Wertpapiere wie Aktien kaufen oder verkaufen möchten. Sie geben ein Angebot oder eine Forderung ab und wenn sich Käufer und Verkäufer beim Preis einig sind, kommt ein Handel zustande. Kurz gesagt: Die Börse ist ein Ort, an dem Wertpapiere gehandelt werden.

Dabei erfüllt sie eine wichtige Vermittlerrolle: Sie bringt Unternehmen, die Kapital für Wachstum und Innovation benötigen, mit Anlegern zusammen, die ihr Geld gewinnbringend investieren möchten.

Unternehmen erhalten durch den Verkauf von Aktien frisches Geld, das sie in neue Projekte oder die Expansion stecken können. Gleichzeitig haben Anleger die Möglichkeit, sich am Erfolg dieser Unternehmen zu beteiligen – läuft ein Unternehmen gut, steigt meist auch der Wert der Aktien, was Gewinne für die Investoren bedeutet.

So hilft die Börse sowohl Unternehmen beim Wachsen als auch Menschen dabei, ihr Vermögen zu vermehren.

Aktien: Dein Anteil an einem Unternehmen

Eine Aktie ist im Grunde ein kleiner Anteil an einem Unternehmen. Wenn du eine Aktie kaufst, wirst du Miteigentümer. Je mehr Aktien du besitzt, desto größer ist dein Anteil am Unternehmen. Manche Aktien zahlen auch in regelmäßigen Zeitabständen Dividenden aus. Eine Dividende ist eine Art Belohnung für Aktionäre, wenn das Unternehmen, in das sie investiert haben, erfolgreich ist. Es ist wie ein Taschengeld für deine Aktie. Nicht alle Unternehmen zahlen Dividenden, aber einige tun es. Die Höhe der Dividende hängt u. a. vom Erfolg des Unternehmens ab.

Aktien werden an der Börse gehandelt. Der Preis einer Aktie, auch Kurs genannt, schwankt ständig, je nachdem, wie groß die Nachfrage nach dieser Aktie gerade ist. Wenn viele Menschen eine Aktie kaufen wollen, steigt der Kurs. Wenn viele Menschen ihre Aktien verkaufen wollen, sinkt der Kurs.

Viele Faktoren können den Kurs einer Aktie beeinflussen. Zum Beispiel:

- **Der Erfolg des Unternehmens**
  Wenn ein Unternehmen neue Produkte entwickelt, seine Gewinne steigert oder in neue Märkte expandiert, kann das den Aktienkurs positiv beeinflussen.

- **Die allgemeine wirtschaftliche Lage**
  Eine starke Wirtschaft kann dazu führen, dass viele Unternehmen gut abschneiden und die Aktienkurse steigen.

- **Politische Ereignisse**
  Politische Entscheidungen können ebenfalls die Aktienmärkte beeinflussen.

(!) **Das Risiko:** Investitionen in Aktien sind immer mit einem gewissen Risiko verbunden. Der Wert von Aktien kann sowohl steigen als auch fallen. Es ist wichtig, sich bewusst zu sein, dass du dein eingesetztes Geld verlieren kannst.

ETF: Ein Sammelsurium an Aktien

Ein ETF, Kurzform für Exchange-Traded Fund, ist wie ein Korb voller Aktien. Dieser Korb bildet einen bestimmten Index nach, zum Beispiel den *DAX*. Der *DAX* ist eine Sammlung der größten und wichtigsten deutschen Unternehmen. Wenn du einen *DAX*-ETF kaufst, erwirbst du also einen kleinen Anteil an all diesen Unternehmen auf einmal. Das ist, als würdest du einen Korb mit verschiedenen Früchten kaufen, anstatt jede Frucht einzeln auszuwählen.

Ein einfaches Beispiel: Stell dir vor, du möchtest in die deutsche Wirtschaft investieren. Anstatt die Aktien von einzelnen Unternehmen wie *Volkswagen*, *Siemens* und *Allianz* einzeln zu kaufen, könntest du einen *DAX*-ETF erwerben. Mit diesem ETF bist du dann an all diesen Unternehmen beteiligt.

Bei ETFs gibt es zwei grundlegende Arten, wie mit den erzielten Gewinnen umgegangen wird: ausschüttende und thesaurierende ETFs.

Ausschüttende ETFs zahlen die erzielten Gewinne regelmäßig an ihre Anleger aus. Das ist praktisch, wenn du regelmäßig über Einkommen verfügen möchtest.

Thesaurierende ETFs zahlen die Gewinne nicht aus, stattdessen werden diese direkt wieder in den ETF investiert, wodurch sich dein Vermögen langfristig besser vermehren kann, da der Zinseszins-Effekt stärker wirkt.

Die wichtigsten Kosten bei ETFs sind die Verwaltungsgebühren, die als Gesamtkostenquote (TER – Total Expense Ratio) angegeben werden. Die Gesamtkostenquote gibt an, wie hoch die laufenden jährlichen Kosten eines ETFs im Verhältnis zum investierten Kapital sind. Diese Kosten werden automatisch vom Fondsvermögen abgezogen, sodass Anleger sie nicht direkt zahlen müssen, aber sie beeinflussen die Rendite.

Ein einfaches Beispiel: Angenommen, du investierst 10.000 Euro in einen ETF mit einer TER von 0,3 Prozent. Das bedeutet, dass pro Jahr 0,3 Prozent deines investierten Kapitals für die Verwaltung und den Betrieb des ETFs verwendet werden. In diesem Fall wären das 30 Euro pro Jahr.

Wenn der ETF in einem Jahr beispielsweise eine Rendite von acht Prozent erzielt, würdest du ohne Gebühren theoretisch 800 Euro Gewinn machen. Nach Abzug der TER verbleiben dir aber nur 770 Euro, da die 30 Euro an Verwaltungskosten bereits vom Fondsvermögen abgezogen wurden.

Obwohl sich diese Kosten gering anhören, können sie sich langfristig bemerkbar machen, vor allem bei hohen Anlagebeträgen oder über viele Jahre hinweg. Daher lohnt es sich, bei der Auswahl eines ETFs auf eine möglichst niedrige TER zu achten, um die Rendite nicht unnötig zu schmälern.

ETFs bieten eine einfache und kostengünstige Möglichkeit, breit gestreut in den weltweiten Aktienmarkt zu investieren. Sie sind besonders für Anleger geeignet, die langfristig Vermögen aufbauen möchten und dabei nicht zu viel Zeit und Aufwand in die Auswahl einzelner Aktien investieren wollen.

Wichtig zu wissen: Auch wenn ETFs eine attraktive Anlagemöglichkeit darstellen, sind sie nicht ohne Risiko. Der Wert von ETFs kann schwanken und du kannst dein eingesetztes Geld verlieren.

Aktive Fonds: Profitiere von der Expertise anderer

Ein aktiv gemanagter Fonds ist also eine Art Gemeinschaftskasse für das Investieren. Das Geld, das alle Anleger zusammen geben, wird von einem professionellen Fondsmanager verwaltet. Dieser Manager investiert das Geld nicht einfach unter die Matratze, sondern in verschiedene Wertpapiere. Das können Aktien von Unternehmen, Anleihen von Staaten oder auch Immobilien sein.

Ein Fonds ist eine einfache und bequeme Möglichkeit, in verschiedene Wertpapiere zu investieren. Durch die Risikostreuung und die Expertise des Fondsmanagers können Anleger von den Chancen der Finanzmärkte profitieren. Hierbei können jedoch Managementgebühren für die Verwaltung des Fonds sowie Ausgabeaufschläge, die beim Kauf entstehen, anfallen, sodass deine Rendite geschmälert werden kann. Natürlich sind auch aktiv gemanagte Fonds nicht risikolos. Auch Experten können sich täuschen, der Wert des Fonds kann schwanken und man kann sein eingesetztes Geld verlieren.

Diversifikation: So baust du ein stabiles Fundament für dein Vermögen auf

Diversifikation bedeutet, dein Vermögen nicht nur in eine einzige Anlageklasse zu investieren, sondern es breit zu verteilen. Anstatt dein gesamtes Geld beispielsweise nur in Aktien eines Unternehmens oder einer Branche zu stecken, teilst du es auf verschiedene Bereiche auf: Du könntest in Aktien investieren, aber auch in Immobilien, Anleihen, Rohstoffe wie Gold oder sogar in alternative Investments wie Kunst.

Doch nicht nur die Wahl unterschiedlicher Anlageklassen ist entscheidend. Auch innerhalb einer Anlageform sollte dein Portfolio breit aufgestellt sein. Wer beispielsweise in Aktien investiert, sollte nicht nur auf eine einzige Branche setzen, sondern verschiedene Industriezweige berücksichtigen. So könnte ein Anleger nicht nur Technologie-Aktien wie *Apple* oder *Microsoft* kaufen, sondern auch Unternehmen aus der Gesundheitsbranche, Automobilindustrie oder dem Konsumgütersektor.

Die Idee hinter der Diversifikation ist einfach: Nicht alle Eier in einen Korb legen. Sollte ein Bereich deines Portfolios an Wert verlieren, können andere Investments diese Verluste ausgleichen.

Dazu ein einfaches Beispiel: Stell dir vor, du hast ein eigenes Unternehmen, das nur Eiscreme verkauft. Im Sommer läuft das Geschäft hervorragend, aber im Winter brechen die Umsätze drastisch ein. Würdest du zusätzlich warme Getränke oder Gebäck anbieten, könntest du saisonale Schwankungen ausgleichen und dein Einkommen stabil halten.

- **Risikoreduktion**
  Kein Markt ist völlig stabil. Aktienkurse schwanken, Immobilienpreise können einbrechen, Rohstoffpreise sind von weltweiten Entwicklungen abhängig. Durch eine breite Streuung verteilst du das Risiko, damit durch einen einzelnen Verlust nicht dein gesamtes Vermögen gefährdet wird.

- **Stabilität**
  Ein diversifiziertes Portfolio ist weniger anfällig für extreme Kursschwankungen. Wenn du nur in eine Branche investiert hast und diese einen Einbruch erlebt, kann das dein gesamtes Investment hart treffen. Hast du jedoch dein Geld auf verschiedene Sektoren verteilt, bleibt dein Portfolio insgesamt stabiler.

- **Chancen nutzen**
  Märkte entwickeln sich unterschiedlich. Während eine Branche schwächelt, kann eine andere gerade stark wachsen. Eine breite Streuung ermöglicht dir, von diesen unterschiedlichen Wachstumschancen zu profitieren.

Der Broker: Schnittstelle zum Kapitalmarkt

Stell dir vor, du möchtest in die Aktie von *Apple* investieren. Anstatt dich selbst mit den technischen Details und Abläufen der Börse auseinanderzusetzen, nutzt du einfach den Broker. Du gibst einen Kaufauftrag auf, zum Beispiel über eine App oder eine Webseite. Der Broker führt dann diesen Auftrag aus und kauft die *Apple*-Aktien für dich. Du kannst dich zurücklehnen und musst dir keine Sorgen machen, dass du etwas falsch machst oder die richtige Börse nicht findest.

Das bedeutet, wenn du in Aktien, ETFs oder andere Wertpapiere investieren möchtest, benötigst du einen Broker. Aber was genau macht dieser Broker eigentlich? Einfach gesagt ist ein Broker wie ein Vermittler zwischen dir und den Finanzmärkten – er hilft dir, auf einfache Weise in Wertpapiere zu investieren, ohne dass du dich mit den komplexen Abläufen an der Börse beschäftigen musst.

Im Detail übernimmt der Broker mehrere wichtige Aufgaben, die für den Handel mit Wertpapieren nötig sind:

1. **Kauf- und Verkaufsaufträge ausführen**
   Wenn du eine Aktie kaufen oder verkaufen möchtest, gibst du deinen Auftrag beim Broker auf. Der Broker führt diesen Auftrag dann an der Börse aus, d. h. er kauft oder verkauft die Aktie in deinem Namen. Ohne Broker würdest du dich selbst mit den Börsenplätzen und deren Abläufen auseinandersetzen müssen, was nicht nur komplex, sondern auch zeitaufwendig sein kann. Der Broker sorgt also dafür, dass deine Investitionen schnell und effizient abgewickelt werden.

2. **Zugang zu verschiedenen Märkten**
   Ein Broker bietet dir den Zugang zu einer Vielzahl von Börsen weltweit. Das bedeutet, dass du nicht nur auf deutsche Aktien zugreifen kannst, sondern auch internationale Märkte wie die New Yorker oder Londoner Börse. Über den Broker hast du also die Möglichkeit, in unterschiedliche Märkte und Wertpapiere zu investieren – sei es in Aktien, Anleihen, ETFs oder sogar in Rohstoffe und Währungen.

3. **Bereitstellung von Handelsplattformen**
   Die meisten Broker bieten dir eine Online-Handelsplattform an, über die du deine Kauf- oder Verkaufsaufträge schnell und bequem eingeben kannst. Diese Plattformen bieten dir oft auch Zusatzfunktionen, wie Kurse in Echtzeit, Analysen und Marktinformationen, die dir helfen, informierte Entscheidungen zu treffen.

Auch wenn Broker dir den Zugang zu den Finanzmärkten erleichtern, entstehen beim Handel mit Wertpapieren verschiedene Kosten, die du berücksichtigen solltest. Hier sind die wichtigsten:

- **Ordergebühren (Transaktionsgebühren)**
  Jeder Kauf oder Verkauf von Wertpapieren über einen Broker zieht eine Gebühr nach sich. Diese Gebühr wird als Ordergebühr oder Transaktionsgebühr bezeichnet. Sie kann je nach Broker unterschiedlich hoch sein und ist oft pro Auftrag festgelegt, unabhängig von der Anzahl der gehandelten Aktien. Bei manchen Brokern gibt es auch prozentuale Gebühren, die sich nach dem Handelsvolumen (d. h. der Menge an gekauften Wertpapieren) richten.

  Zum Beispiel: Ein Broker könnte fünf Euro pro Order berechnen oder 0,1 Prozent des Handelswertes. Bei einem Aktienkauf von 1.000 Euro wäre das ein Euro an Gebühr.

- **Depotgebühren**
  Ein Depot ist das Konto, auf dem deine gekauften Wertpapiere aufbewahrt werden. Manche Broker berechnen eine Gebühr für die Verwaltung dieses Depots, wobei es Broker gibt, die diese Gebühren ganz oder teilweise erlassen. Es lohnt sich also, nach einem Broker zu suchen, der niedrige oder keine Depotgebühren erhebt, um deine Gesamtkosten zu minimieren.

- **Spread**
  Der Spread ist die Differenz zwischen dem Kauf- und Verkaufspreis eines Wertpapiers. Dieser Spread ist oft bei Aktien und Rohstoffen relevant und kann als indirekte Gebühr angesehen werden, da er die Handelskosten beeinflusst. Ein engerer Spread bedeutet, dass du zu einem günstigeren Preis kaufen und verkaufen kannst, während ein breiter Spread zu höheren Kosten führt.

- **Sonstige Gebühren**
  Je nach Broker können auch andere Gebühren anfallen, zum Beispiel für die Nutzung bestimmter Zusatzleistungen wie Marktanalysen oder für das Führen eines Handelskontos in einer anderen Währung als der Basiswährung deines Brokers. Es ist wichtig, sich vorab über alle möglichen Gebühren zu informieren. Eine Auflistung an beliebten Brokern findest du im Kapitel „Loslegen mit dem Investieren: Ein Schritt-für-Schritt-Guide“.

Wir haben nun die grundlegenden Begriffe rund um das Investieren geklärt. Aber es gibt noch so viel mehr zu entdecken! Im nächsten Abschnitt werden wir uns die verschiedenen Anlagemöglichkeiten genauer anschauen. Denk daran, dass dies nur eine vereinfachte Darstellung ist. Die Finanzwelt ist vielschichtig und bietet zahlreiche Nuancen.

Welche Anlageform passt zu dir?

Du hast dich schon immer gefragt, wie du dein Geld sinnvoll anlegen kannst? Die Auswahl ist groß: Aktien, ETFs, Immobilien. Lass uns gemeinsam die verschiedenen Anlagemöglichkeiten entdecken und herausfinden, welche am besten zu deinen Zielen passen. Hierbei ist anzumerken, dass ich hier nur auf ausgewählte Möglichkeiten eingehe, die aus meiner Sicht für Privatanleger gut geeignet sind. Neben den aufgeführten Anlagemöglichkeiten gibt es natürlich noch zahlreiche weitere Möglichkeiten.

Tages- und Festgeld

Tages- und Festgeldkonten sind klassische Anlageformen, die vor allem für sicherheitsbewusste Sparer attraktiv sind. Sie bieten verlässliche Zinserträge und einen hohen Schutz des investierten Kapitals. Dennoch gibt es Unterschiede zwischen diesen beiden Varianten, die bei der Entscheidung berücksichtigt werden sollten.

Die Vorteile von Tages- und Festgeld

Ein wesentlicher Vorteil von Tages- und Festgeld ist die hohe Sicherheit. Beide Anlageformen sind in der Regel durch die gesetzliche Einlagensicherung bis zu einem bestimmten Betrag abgesichert. Das bedeutet, dass selbst bei einer Bankenkrise das angelegte Kapital nicht verloren geht.

Tagesgeld bietet zudem eine große Flexibilität. Das angelegte Geld bleibt jederzeit verfügbar, sodass es problemlos abgehoben oder umgeschichtet werden kann. Diese Anlageform eignet sich besonders für kurzfristige Rücklagen, Notfallfonds oder als sicherer Parkplatz für Geld, das noch nicht fest verplant ist.

Festgeld hingegen punktet mit stabilen und planbaren Zinserträgen. Im Gegensatz zum Tagesgeld, dessen Zinssätze schwanken können, wird der Zinssatz beim Festgeld über die gesamte Laufzeit garantiert. Wer sein Kapital für eine bestimmte Zeit nicht benötigt, kann sich somit feste Erträge sichern und von oft höheren Zinsen im Vergleich zum Tagesgeld profitieren.

Die Nachteile von Tages- und Festgeld

Obwohl Tages- und Festgeld sehr sichere Anlageformen sind, haben sie auch einige Nachteile. Einer der größten ist die vergleichsweise geringe Rendite. In Zeiten niedriger Zinsen bieten diese Konten oft nur minimale Erträge, die möglicherweise nicht einmal die Inflation ausgleichen. Dadurch kann das angelegte Geld über die Jahre an Kaufkraft verlieren.

Festgeld bringt zudem eine gewisse Unflexibilität mit sich. Während das Kapital beim Tagesgeld jederzeit verfügbar ist, bleibt es beim Festgeld über die vereinbarte Laufzeit gebunden. Vorzeitige Auszahlungen sind meist nicht möglich oder nur mit Verlusten verbunden. Wer sein Geld langfristig festlegt, sollte sich sicher sein, dass er es in dieser Zeit nicht benötigt.

Ein weiterer Punkt, den Anleger beachten sollten, ist die Zinsentwicklung. Besonders beim Festgeld kann es problematisch sein, wenn während der Laufzeit die allgemeinen Zinsen steigen. Wer sein Geld zu einem niedrigen Zinssatz fest angelegt hat, kann dann nicht von besseren Konditionen profitieren und muss bis zum Ende der Laufzeit warten, bevor er neu investieren kann.

Übersicht	Tagesgeld	Festgeld
Vorteile		
Sicherheit	✓ Einlagensicherung	✓ Einlagensicherung
Flexibilität	✓ Sofort verfügbar	✗ Geld ist gebunden
Zinserträge	✗ Variabel (können sinken)	✓ Garantierte, oft höhere Zinsen
Planbarkeit	✓ Überblick über Guthaben	✓ Feste Laufzeit, fester Zins
Aufwand	✓ Keine Kündigungsfristen	✓ Einmalanlage, kein Handlungsbedarf
Nachteile		
Rendite	✗ Meist niedrig (unter Inflation)	✗ Meist niedrig (unter Inflation)
Verfügbarkeit	✓ Täglich verfügbar	✗ Vorzeitige Kündigung meist nicht möglich

Zinsrisiko	✗ Keine Zinsgarantie	✗ Keine Anpassung bei Zinsanstieg
Steuerliche Behandlung	✗ Zinserträge sind steuerpflichtig	✗ Zinserträge sind steuerpflichtig

Wann könnten Tages- und Festgeld zu dir passen?

Tages- und Festgeld eignen sich besonders für sicherheitsorientierte Anleger, die kein Risiko eingehen möchten. Sie sind ideal für diejenigen, die ihr Kapital erhalten und gleichzeitig eine kleine, aber sichere Rendite erzielen möchten. Wer Wert auf finanzielle Flexibilität legt und jederzeit über sein Geld verfügen möchte, ist mit einem Tagesgeldkonto gut beraten.

Auch für Sparziele mit festem Zeithorizont kann Festgeld eine sinnvolle Lösung sein. Wenn du genau weißt, dass du dein Geld für einen bestimmten Zeitraum nicht benötigst, kannst du dir durch Festgeld eine garantierte Rendite sichern. Besonders bei steigenden Zinsen kann es lohnend sein, unterschiedliche Laufzeiten zu wählen, um von künftigen Entwicklungen zu profitieren.

Tages- und Festgeld sind zudem eine gute Wahl, wenn du dein Geld sicher parken möchtest, beispielsweise als Notgroschen oder für geplante Anschaffungen in der Zukunft. Da keine Wertschwankungen auftreten, kannst du dir sicher sein, dass dein Geld zum gewünschten Zeitpunkt in voller Höhe zur Verfügung steht.

Wann passen Tages- und Festgeld weniger zu dir?

Wenn du hohe Renditen erzielen möchtest, sind Tages- und Festgeld nicht die beste Wahl. Aufgrund der niedrigen Zinsen bieten sie oft nur geringe Erträge, die langfristig hinter anderen Anlageformen wie Aktien oder ETFs zurückbleiben. Wer sein Vermögen aktiv vermehren will, sollte daher nach Alternativen suchen, die ein besseres Verhältnis von Risiko und Rendite bieten.

Auch für Anleger, die flexibel auf Marktentwicklungen reagieren möchten, kann Festgeld problematisch sein. Da das Kapital für die gesamte Laufzeit gebunden ist, gibt es keine Möglichkeit, auf steigende Zinsen zu reagieren oder das Geld kurzfristig in lukrativere Anlagen umzuschichten.

Tages- und Festgeld eignen sich zudem nicht für Anleger, die bereit sind, ein gewisses Risiko einzugehen, um langfristig höhere Erträge zu erzielen. Während andere Anlageformen Schwankungen aufweisen, bieten sie auf lange Sicht oft deutlich bessere Renditen. Wer bereit ist, kurzfristige Kursschwankungen auszuhalten, könnte mit einer anderen Strategie erfolgreicher sein.

Zusammengefasst sind Tages- und Festgeld solide Anlageformen, die besonders für sicherheitsbewusste Anleger geeignet sind. Sie bieten eine hohe Stabilität, garantierte Zinserträge und die Möglichkeit, Geld flexibel oder mit einer festen Verzinsung anzulegen. Allerdings gehen diese Vorteile oft mit einer geringen Rendite einher, weshalb sie sich vor allem für kurzfristige Rücklagen oder risikoaverse Investoren eignen.

Aktien

Du hast bereits erfahren, was Aktien sind und welche grundlegende Funktion sie in der Finanzwelt erfüllen. Nun werfen wir einen genaueren Blick auf ihre Vor- und Nachteile. Aktien können eine spannende Möglichkeit sein, Vermögen aufzubauen, doch sie erfordern auch Wissen, Geduld und Risikobereitschaft.

Vorteile von Aktien

Ein großer Vorteil von Aktien ist ihr hohes Renditepotenzial. Langfristig betrachtet gehören sie zu den lukrativsten Anlageformen. Erfolgreiche Unternehmen wachsen mit der Zeit und steigern ihren Wert, sodass Investoren von dieser Entwicklung profitieren können. Wer frühzeitig in ein solides Unternehmen investiert, hat die Chance, sein Kapital über Jahre hinweg erheblich zu vermehren.

Ansonsten ermöglichen Aktien den Anlegern, sich aktiv an Unternehmen zu beteiligen. Wer Aktien eines Unternehmens besitzt, ist nicht nur Investor, sondern auch Miteigentümer. Dieses Mitspracherecht ermöglicht es Aktionären, an Hauptversammlungen teilzunehmen und über wichtige Unternehmensentscheidungen abzustimmen. Auch wenn Großaktionäre oft den größten Einfluss haben, trägt jede Aktie zur Entscheidungsfindung bei.

Neben Kurssteigerungen sind Dividenden eine attraktive Einnahmequelle für Anleger. Viele Unternehmen schütten regelmäßig einen Teil ihres Gewinns an ihre Aktionäre aus. Diese Dividendenzahlungen können als eine Art passives Einkommen betrachtet werden und tragen dazu bei, das investierte Kapital kontinuierlich zu vermehren. Besonders langfristige Investoren profitieren vom sogenannten Zinseszinseffekt, wenn sie ihre Dividenden reinvestieren und so ihr Vermögen weiter ausbauen.

Nachteile von Aktien

Trotz ihrer Chancen bergen Aktien auch Risiken. Einer der größten Nachteile ist die hohe Volatilität der Kurse. Volatilität in diesem Zusammenhang bedeutet, dass Aktienmärkte Schwankungen unterliegen, die durch wirtschaftliche Entwicklungen, geopolitische Ereignisse oder unternehmensspezifische Faktoren beeinflusst werden können. Wer in Aktien investiert, muss darauf vorbereitet sein, dass der Wert seines Portfolios zeitweise stark sinkt. Während sich die Kurse langfristig oft erholen, kann es emotional herausfordernd sein, kurzfristige Verluste zu verkraften.

Ein weiterer Nachteil ist der Zeitaufwand, den ein erfolgreiches Investment erfordert. Um fundierte Entscheidungen zu treffen, sollten Anleger regelmäßig die Märkte beobachten, Unternehmensnachrichten verfolgen und wirtschaftliche Entwicklungen analysieren. Die Auswahl der richtigen Aktien ist kein Zufallsprodukt, sondern das Ergebnis gründlicher Recherche. Wer sich nicht mit den Mechanismen des Marktes auseinandersetzt, riskiert, falsche Entscheidungen zu treffen oder günstige Gelegenheiten zu verpassen.

Zudem ist das Investieren in Aktien mit einer gewissen Komplexität verbunden. Die Vielzahl an Unternehmen und Branchen kann es schwierig machen, die besten Anlagemöglichkeiten zu identifizieren. Grundlegende Kenntnisse in Finanzanalyse, Bilanzbewertung und Marktpsychologie sind notwendig, um kluge Entscheidungen zu treffen. Besonders für Anfänger kann diese Lernkurve anfangs herausfordernd sein.

Übersicht	Aktien
Vorteile	
Renditepotenzial	✓ Langfristig hohe Ertragschancen
Mitbestimmung	✓ Stimmrecht bei Hauptversammlungen
Dividenden	✓ Passive Einnahmen durch Gewinnausschüttungen

Nachteile	
Volatilität	✗ Starke Kursschwankungen möglich
Zeitaufwand	✗ Regelmäßige Analyse nötig
Komplexität	✗ Erfordert Fachwissen

Wann könnten Aktien zu dir passen?

Wenn du in Aktien investierst, solltest du einen langen Atem haben. Ich nutze an dieser Stelle wieder meinen geliebten Vergleich mit einem Garten, der mit der Zeit wächst und gedeiht, wenn du dich darum kümmerst. Aktien als Anlageform sind auch wie ein Garten, den du mit Sorgfalt pflegen muss. Es braucht Geduld, Zeit und die richtige Strategie, damit deine Investition über die Jahre hinweg gedeiht und eine reiche Ernte trägt. Sprich Aktien lohnen sich vor allem für diejenigen, die bereit sind, Zeit und Strategie in ihre Geldanlage zu investieren. Kurzfristige Gewinne sind selten, doch wer mit Bedacht vorgeht, kann langfristig von beachtlichen Renditen profitieren.

Zudem solltest du bereit sein, Risiken einzugehen. Der Aktienmarkt ist unberechenbar und gleicht einer Achterbahnfahrt - mal geht es steil nach oben, dann wieder rapide nach unten. Wer die Schwankungen aushält und nicht bei jedem Rückgang panisch reagiert, hat die Chance, hohe Gewinne zu erzielen. Mut und Gelassenheit sind hier entscheidende Eigenschaften, die erfolgreiche Anleger auszeichnen.

Auch das Interesse an Unternehmen und wirtschaftlichen Zusammenhängen spielt eine große Rolle. Als Aktionär bist du nicht nur ein anonymer Investor, sondern ein echter Teilhaber eines Unternehmens. Du kannst gezielt Firmen auswählen, die zu deinen Werten und Überzeugungen passen, und ihre Entwicklung aktiv mitverfolgen. So wird die Geldanlage nicht nur zu einem finanziellen, sondern auch zu einem persönlichen Engagement.

Wenn du das Potenzial deines Geldes voll ausschöpfen möchtest, bieten Aktien eine attraktive Möglichkeit. Im Vergleich zu klassischen Sparformen wie dem Sparbuch versprechen sie oft deutlich höhere Renditen. Wer sein Vermögen schneller vermehren will und bereit ist, sich mit den Mechanismen des Marktes auseinanderzusetzen, findet in Aktien eine vielversprechende Anlageform.

Wann passen Aktien eher nicht zu dir?

Wenn für dich finanzielle Sicherheit oberste Priorität hat und du jederzeit auf dein Geld zugreifen können möchtest, könnten Aktien nicht die beste Wahl sein. Der Aktienmarkt ist, wie zuvor erwähnt, volatil, und es kann passieren, dass der Wert deiner Investition genau dann sinkt, wenn du dringend Kapital benötigst. Wer flexibel bleiben muss und sein Erspartes kurzfristig abrufbar haben will, sollte sich nach sichereren Alternativen umsehen.

Auch der Zeitfaktor spielt eine wichtige Rolle. Aktien sind keine passive Geldanlage, die sich von selbst verwaltet. Sie erfordern Aufmerksamkeit, regelmäßige Marktanalysen und ein grundlegendes Verständnis wirtschaftlicher Entwicklungen. Wer wenig Zeit hat oder sich nicht mit Unternehmen und Börsentrends beschäftigen möchte, könnte mit anderen Anlageformen besser beraten sein.

Wenn dein Ziel darin besteht, in kürzester Zeit reich zu werden, solltest du deine Erwartungen überdenken. Aktien sind kein Glücksspiel und garantieren keine schnellen Gewinne. Wer langfristig investiert, überlegt handelt und Geduld mitbringt, hat die besten Chancen auf Erfolg. Kurzfristige Spekulationen hingegen sind riskant und führen oft zu Verlusten.

Zusammenfassend kann ich sagen, dass Aktien ein wichtiger Teil deiner Geldanlage sein können, aber nicht für jeden geeignet sind. Bevor du investierst, solltest du genau überlegen, was dir wichtig ist und wie viel Risiko du bereit bist einzugehen. Sprich am besten auch mit einem Experten, der dir bei deiner Entscheidung helfen kann.

ETFs

ETFs können ebenfalls eine gute Anlagemöglichkeit sein. Natürlich bietet auch diese Anlageform verschiedene Vor- und Nachteile. Im Folgenden findest du eine Auflistung der wesentlichen Punkte aus meiner Sicht und wann ETFs zu dir passen könnten.

Vorteile von ETFs

ETFs bieten zahlreiche Vorteile, die sie zu einer beliebten Anlageform machen. Einer der größten Pluspunkte ist ihre Kosteneffizienz. Im Vergleich zu aktiv gemanagten Fonds sind ETFs in der Regel deutlich günstiger, da sie keinen Fondsmanager benötigen, der aktiv Kauf- und Verkaufsentscheidungen trifft. Dadurch fallen geringere Verwaltungsgebühren an, was sich positiv auf die langfristige Rendite auswirken kann.

Ein weiterer Vorteil liegt in der breiten Diversifikation, die ETFs ermöglichen. Anstatt in einzelne Aktien oder Anleihen zu investieren, verteilt sich das Kapital auf viele verschiedene Wertpapiere innerhalb eines Index. Diese Streuung verringert das Risiko erheblich, da Verluste einzelner Unternehmen durch die positive Entwicklung anderer Werte ausgeglichen werden können.

Auch die Transparenz ist ein großer Pluspunkt. Bei ETFs ist jederzeit nachvollziehbar, welche Wertpapiere enthalten sind, da sie einen bestimmten Index nachbilden. Anleger wissen genau, in welche Unternehmen oder Märkte sie investieren, was für eine hohe Nachvollziehbarkeit und Klarheit sorgt.

Nachteile von ETFs

Dennoch gibt es auch einige Nachteile, die man beachten sollte. Einer davon ist die eingeschränkte Flexibilität. Wer in einen ETF investiert, hat keinen Einfluss auf die Auswahl der einzelnen Titel, da der Fonds automatisch die Wertentwicklung eines Index nachbildet. Während aktiv gemanagte Fonds auf Marktveränderungen reagieren können, bleibt ein ETF strikt an seinen Index gebunden.

Zudem sollten Anleger die Kosten für die Indexnachbildung nicht außer Acht lassen. Auch wenn ETFs insgesamt günstiger sind als viele andere Anlageprodukte, fallen dennoch jährliche Gebühren an, die sich auf die Rendite auswirken können. Diese Kosten variieren je nach ETF. Es ist also wichtig, sie vor einer Investition genau zu vergleichen, um unnötig hohe Gebühren zu vermeiden.

Übersicht	ETFs
Vorteile	
Kosteneffizienz	✓ Geringere Gebühren als aktive Fonds
Diversifikation	✓ Breite Risikostreuung
Transparenz	✓ Klare Indexnachbildung

Nachteile	
Flexibilität	✗ Kein Einfluss auf Titelauswahl
Laufende Kosten	✗ Jährliche Gebühren

Wann könnten ETFs zu dir passen?

Wenn du dein Investment möglichst breit streuen möchtest, sind ETFs eine hervorragende Wahl. Sie ermöglichen es dir, mit nur einer einzigen Investition Anteile an Tausenden von Unternehmen auf der ganzen Welt zu erwerben. Stell dir vor, du kaufst nicht nur eine einzige Frucht, sondern gleich einen ganzen Obstkorb mit vielen verschiedenen Sorten. Sollte eine Frucht schlecht werden, bleibt der Rest des Korbes dennoch genießbar. Genauso verringert die breite Streuung bei ETFs das Risiko, dass die schlechte Entwicklung eines einzelnen Unternehmens deine gesamte Anlage gefährdet.

Auch für langfristige Anleger sind ETFs ideal. Sie eignen sich besonders für Ziele wie die Altersvorsorge, da sie über Jahre hinweg eine stabile und oft attraktive Rendite bieten. Wer langfristig investiert, profitiert von der stetigen Entwicklung der Märkte und dem sogenannten Zinseszinseffekt, der das Kapital mit der Zeit wachsen lässt. Darüber hinaus sind ETFs besonders für diejenigen interessant, die eine einfache und kostengünstige Anlagemöglichkeit suchen. Im Vergleich zu aktiv gemanagten Fonds verursachen sie geringere Gebühren, da sie keinen teuren Fondsmanager benötigen, der regelmäßig über Käufe und Verkäufe entscheidet. Gleichzeitig ersparen sie dir den Aufwand, einzelne Aktien selbst auswählen zu müssen – das Portfolio bildet automatisch einen Index ab, sodass du dich nicht täglich mit Marktanalysen beschäftigen musst.

Wenn dir als Anleger bei einem Fonds Transparenz wichtig ist, können ETFs ebenfalls eine gute Alternative sein. Zu jeder Zeit kannst du genau nachverfolgen, welche Unternehmen in deinem ETF enthalten sind. Diese Offenheit sorgt für ein Gefühl der Kontrolle über deine Investition, da du genau weißt, wohin dein Geld fließt und welche Branchen oder Märkte von deiner Anlage profitieren.

Wann passen ETFs eher nicht zu dir?

ETFs sind eine hervorragende Anlageform für viele Investoren, doch sie passen nicht zu jedem. Wenn dein Ziel darin besteht, möglichst schnell reich zu werden, sind sie für dich nicht die richtige Wahl. ETFs sind auf langfristiges Wachstum ausgelegt und eignen sich besonders für Anleger, die geduldig sind und ihr Vermögen über Jahre hinweg kontinuierlich aufbauen möchten. Wer nach schnellen Gewinnen sucht und hohe Renditen in kurzer Zeit erwartet, sollte sich nach alternativen Anlageformen umsehen, da ETFs keine Garantie für kurzfristige Erfolge bieten.

Auch für Anleger, die gerne aktiv handeln und regelmäßig ihre Positionen anpassen, sind ETFs möglicherweise nicht ideal. Sie sind für eine „Buy-and-Hold"-Strategie konzipiert, bei der Investoren ihre Anteile über einen langen Zeitraum halten, um von der Marktentwicklung zu profitieren. Wer hingegen häufig kauft und verkauft, muss mit zusätzlichen Transaktionskosten rechnen, die die Rendite schmälern können. Zudem gibt es weniger Spielraum für kurzfristige taktische Anpassungen, da ETFs einen Index nachbilden und sich nicht aktiv an Marktveränderungen anpassen.

Solltest du sehr spezielle Anlagewünsche haben und gezielt nur in bestimmte Nischenmärkte oder einzelne Unternehmen investieren wollen, könnten ETFs ebenfalls nicht die beste Lösung für dich sein. Da sie einen breiten Markt oder eine Branche abdecken, bieten sie weniger Flexibilität für individuelle Strategien. Wenn du etwa ausschließlich in ein bestimmtes Unternehmen oder eine kleine, spezialisierte Branche investieren möchtest, sind andere Anlageformen möglicherweise besser geeignet, da ETFs diese gezielte Auswahl nicht ermöglichen.

Unterm Strich kann man sagen, ETFs sind eine tolle Möglichkeit, um einfach und kostengünstig in den globalen Markt zu investieren. Sie bieten eine gute Balance zwischen Rendite und Risiko. Allerdings sind sie nicht für jeden die perfekte Lösung.

Aktive Fonds

Wie du bereits weißt, investiert bei einem aktiven Fonds ein professioneller Fondsmanager das verwaltete Geld in verschiedene Wertpapiere. Auch diese Anlageform birgt verschiedene Vor- und Nachteile. Die wichtigsten Punkte aus meiner Sicht sind die folgenden.

Vorteile von aktiven Fonds

Aktive Fonds bieten eine Reihe von Vorteilen für Anleger, die eine fundierte und gut strukturierte Anlagestrategie suchen. Einer der größten Vorteile liegt in der professionellen Verwaltung. Ein erfahrener Fondsmanager übernimmt die Verantwortung für die Auswahl und Überwachung der Anlagen und trifft die relevanten Entscheidungen, die den Erfolg des Fonds beeinflussen. Dies ermöglicht es den Anlegern, von der Expertise und den Marktkenntnissen eines Fachmanns zu profitieren, ohne selbst ständig den Markt beobachten zu müssen.

Ein weiterer wesentlicher Vorteil aktiver Fonds ist die Diversifikation. Dein Kapital wird in eine Vielzahl von Wertpapieren investiert, wodurch das Risiko einzelner Anlagen verringert wird. Diese breite Streuung sorgt dafür, dass der Fonds auch bei schwankenden Märkten stabiler bleibt und nicht von den Schwankungen einer einzelnen Aktie oder Branche abhängig ist.

Zudem bieten aktive Fonds Zugang zu Nischenmärkten und speziellen Anlagestrategien. Es gibt Fonds, die gezielt in bestimmte Regionen, Sektoren oder sogar innovative und wenig bekannte Märkte investieren. Auf diese Weise können Anleger von Chancen profitieren, die ihnen sonst möglicherweise entgehen würden, und sich eine breite Palette an Anlagemöglichkeiten eröffnen.

Nachteile von Fonds

Trotz der zahlreichen Vorteile aktiver Fonds gibt es auch einige Herausforderungen, die Anleger berücksichtigen sollten. Ein wichtiger Nachteil sind die höheren Kosten, die mit der Verwaltung eines aktiven Fonds verbunden sind. Fondsmanager verlangen in der Regel eine höhere Gebühr als bei passiv gemanagten ETFs, da die professionelle Auswahl und Überwachung der Anlagen aufwendiger ist. Diese zusätzlichen Kosten können sich über die Zeit hinweg negativ auf die Gesamtrendite auswirken, insbesondere bei längeren Anlagehorizonten.

Ein weiterer Nachteil ist die geringere Transparenz. Es ist nicht immer einfach nachzuvollziehen, wie und in welche Wertpapiere der Fondsmanager das Kapital investiert. Während bei passiven Fonds die Anlageentscheidungen nach einem festgelegten Index abgebildet werden, kann die Strategie eines aktiven Fondsmanagers oft schwerer zu durchdringen sein. Anleger müssen sich darauf verlassen, dass der Fondsmanager die richtigen Entscheidungen trifft, ohne immer genau zu wissen, welche Kriterien dabei eine Rolle spielen. Diese fehlende Klarheit kann das Vertrauen in die Anlageentscheidung beeinträchtigen.

Übersicht	**Aktive Fonds**
Vorteile	
Professionelles Management	✓ Expertenwissen des Fondsmanagers
Diversifikation	✓ Breite Streuung über viele Wertpapiere
Zugang zu Nischenmärkten	✓ Spezielle Anlagestrategien möglich
Nachteile	
Höhere Kosten	✗ Teurer als passive Fonds/ETFs
Geringere Transparenz	✗ Schwer nachvollziehbare Anlagen

Wann könnten aktive Fonds zu dir passen?

Aktive Fonds könnten besonders dann eine attraktive Option für dich sein, wenn du auf die Expertise von Fachleuten setzt und davon überzeugt bist, dass ein erfahrener Fondsmanager die besten Anlageentscheidungen für dich trifft. Diese Profis haben das Ziel, dir durch ihre fundierte Marktkenntnis und strategische Entscheidungen zu höheren Renditen zu verhelfen. Wenn du also bereit bist, von der Expertise eines Experten zu profitieren und deine Anlageentscheidungen nicht selbst treffen möchtest, sind aktive Fonds eine vielversprechende Wahl.

Ein weiterer Grund, warum aktive Fonds zu dir passen könnten, ist die Bereitschaft, höhere Kosten zu tragen. Im Vergleich zu passiven ETFs sind aktive Fonds in der Regel teurer, da sie für die kontinuierliche und aufwendige Verwaltung Gebühren erheben. Diese höheren Kosten können sich langfristig jedoch durch potenziell bessere Renditen auszahlen, wenn der Fondsmanager erfolgreich ist.

Darüber hinaus sind aktive Fonds besonders dann sinnvoll, wenn du eine individuelle Beratung schätzt. Viele dieser Fonds bieten personalisierte Betreuung und die Möglichkeit, gezielt auf deine speziellen Bedürfnisse und Anlageziele einzugehen. Wenn du also Wert auf eine maßgeschneiderte Beratung und individuelle Anpassungen legst, kann ein aktiver Fonds die richtige Wahl sein.

Schließlich könnten aktive Fonds auch dann zu dir passen, wenn du kurzfristigere Anlageziele verfolgst. Diese Fonds bieten eine größere Flexibilität und ermöglichen es dir, dein Portfolio regelmäßig zu überprüfen und bei Bedarf schnell Anpassungen vorzunehmen. Im Gegensatz zu ETFs, die einem festen Index folgen, ermöglichen aktive Fonds, gezielt auf sich verändernde Marktbedingungen zu reagieren.

Wann passen aktive Fonds eher nicht zu dir?

Aktive Fonds könnten weniger gut zu dir passen, wenn du langfristig denkst und dabei Wert auf niedrige Kosten legst. Historisch betrachtet haben viele aktive Fonds den Markt nicht dauerhaft übertroffen, und die höheren Kosten für die aktive Verwaltung können deine Rendite über einen längeren Zeitraum hinweg schmälern. Wenn dein Fokus also auf langfristigem Wachstum bei möglichst geringen Kosten liegt, könnten passiv verwaltete Fonds wie ETFs eine bessere Option sein.

Ein weiterer Grund, warum aktive Fonds vielleicht nicht die richtige Wahl für dich sind, ist, wenn du deine Anlagen lieber selbst verwalten möchtest. Falls du gerne die Kontrolle über dein Portfolio behältst und dich intensiv mit den einzelnen Unternehmen und deren Entwicklung auseinandersetzt, könnten ETFs oder sogar direkte Investitionen in Einzelaktien besser geeignet sein. Aktive Fonds erfordern hingegen eine Übergabe der Kontrolle an den Fondsmanager, was für viele Anleger, die gerne eigenständig entscheiden, weniger ansprechend ist.

Schließlich könnten aktive Fonds auch dann nicht zu dir passen, wenn du eine einfachere und transparentere Anlageform bevorzugst. Aktive Fonds sind oft komplexer aufgebaut, da sie eine Vielzahl von individuellen Entscheidungen des Fondsmanagers beinhalten, die nicht immer auf den ersten Blick nachvollziehbar sind. Wenn du hingegen eine klare, leicht verständliche Struktur bevorzugst, bei der die Anlagestrategie transparent ist, sind ETFs mit ihrer simplen und transparenten Anlageweise möglicherweise die bessere Wahl für dich.

Resümierend betrachtet, können aktive Fonds eine gute Ergänzung für dein Portfolio sein, wenn du auf die Expertise von Profis setzt und bereit bist, höhere Kosten zu zahlen. Allerdings solltest du dir bewusst sein, dass es keine Garantie für höhere Renditen gibt.

Immobilien

Immobilien sind eine klassische Anlageform. Du kannst entweder eine eigene Immobilie kaufen oder in Immobilienfonds investieren. Jedoch hat auch diese Anlageform verschiedene Vor- sowie Nachteile und ist nicht für jede Person geeignet.

Vorteile von Immobilien

Immobilien bieten eine Reihe von Vorteilen für Anleger, die auf der Suche nach stabilen und langfristigen Investitionsmöglichkeiten sind. Ein wesentlicher Vorteil ist ihre Stabilität. Immobilien gelten allgemein als relativ sichere Anlageform, da sie im Vergleich zu vielen anderen Märkten weniger anfällig für starke Schwankungen sind. Diese Stabilität macht Immobilien zu einer attraktiven Option für Anleger, die ein geringeres Risiko suchen.

Ein weiterer Vorteil von Immobilien ist die Möglichkeit, regelmäßige Mietrenditen zu erzielen. Wenn du eine vermietete Immobilie besitzt, kannst du von stetigen Mieteinnahmen profitieren, die eine verlässliche Einkommensquelle darstellen. Diese regelmäßigen Zahlungen können insbesondere für Anleger, die kontinuierliche Cashflow-Ströme suchen, von großem Wert sein. Cashflow, auf Deutsch Geldfluss, beschreibt den Zu- und Abfluss von Bargeld über einen bestimmten Zeitraum. Er ist wichtig, weil er zeigt, wie gut ein Unternehmen oder eine Privatperson in der Lage ist, Schulden zu bezahlen und in die Zukunft zu investieren.

Darüber hinaus bieten Immobilien auch einen gewissen Inflationsschutz. In der Regel steigen die Immobilienpreise mit der Inflation, was bedeutet, dass dein Immobilienvermögen im Laufe der Zeit tendenziell an Wert gewinnt. Diese Wertsteigerung schützt dich vor der Abwertung deiner Investitionen durch steigende Lebenshaltungskosten und sorgt dafür, dass dein Vermögen langfristig erhalten bleibt.

Nachteile von Immobilien

Ein wesentlicher Nachteil ist die hohe Anfangsinvestition. Der Kauf einer Immobilie erfordert oft eine beträchtliche Eigenkapitalquote, die für viele Anleger eine große finanzielle Belastung darstellen kann. Diese hohe Anfangsinvestition macht Immobilien zu einer weniger zugänglichen Anlageform, besonders für diejenigen, die nicht über ausreichende Mittel verfügen.

Ein weiterer Nachteil von Immobilien ist ihre „Illiquidität". Illiquidität bedeutet hier, dass eine Investition nicht schnell oder einfach in Bargeld umgewandelt werden kann. Im Gegensatz zu Aktien, die relativ schnell und einfach verkauft werden können, ist der Verkauf einer Immobilie ein langwieriger Prozess. Immobilien können nicht in kurzer Zeit veräußert werden, was bedeutet, dass Anleger ihre Investition nicht schnell zu Geld machen können, wenn sie dies benötigen. Diese Illiquidität kann in finanziellen Notfällen problematisch werden.

Zusätzlich zu den hohen Anschaffungskosten müssen Immobilienbesitzer auch laufende Nebenkosten einplanen. Neben dem Kaufpreis fallen regelmäßig Kosten wie Grundsteuer, Instandhaltungsaufwendungen und Verwaltungskosten an. Diese laufenden Ausgaben können die Rendite einer Immobilie schmälern und sollten bei der Entscheidung für eine Investition in Immobilien berücksichtigt werden.

Übersicht	**Immobilien**
Vorteile	
Stabilität	✓ Geringere Schwankungen als andere Märkte
Mietrendite	✓ Regelmäßige Einnahmen durch Vermietung
Inflationsschutz	✓ Werte steigen meist mit der Inflation
Nachteile	
Hohe Anfangsinvestition	✗ Erfordert viel Eigenkapital
Illiquidität	✗ Langsamer Verkaufsprozess
Laufende Kosten	✗ Grundsteuer, Instandhaltung, Verwaltung

Wann könnten Immobilien zu dir passen?

Immobilien könnten besonders gut zu dir passen, wenn du langfristig denkst. Sie sind eine Anlageform, die sich über viele Jahre hinweg auszahlt, weshalb sie sich gut für Anleger eignen, die nicht vorhaben, in den nächsten Jahren auf das investierte Geld zuzugreifen. Wenn du also eine langfristige Perspektive auf deine Finanzplanung hast, kann eine Immobilie eine sehr lohnende Wahl sein.

Ein weiterer Grund, warum Immobilien zu dir passen könnten, ist, wenn du Wert auf Stabilität legst. Immobilien bieten in der Regel eine höhere Stabilität als Aktien oder andere Wertpapiere, die oft stärkeren Schwankungen unterliegen. Wenn du also auf eine ruhigere, weniger volatile Anlageform setzt, sind Immobilien eine solide Option.

Wenn du zudem nach einem Inflationsschutz suchst, sind Immobilien ebenfalls attraktiv. In der Regel steigen die Immobilienwerte mit der Inflation, was bedeutet, dass dein Vermögen in dieser Form gut gegen die steigenden Preise geschützt ist. Diese Art von Schutz vor der Abwertung deines Geldes ist für viele Anleger ein überzeugendes Argument.

Auch wenn du dich für Sachwerte interessierst, könnten Immobilien eine gute Wahl für dich sein. Im Gegensatz zu digitalen Anlagen wie Aktien oder Fonds bieten Immobilien ein greifbares, physisches Asset, das du besitzen und sogar nutzen kannst. Wenn du also lieber in etwas Konkretes investierst, das du sehen und anfassen kannst, sind Immobilien besonders ansprechend.

Schließlich könnten Immobilien zu dir passen, wenn du eine zusätzliche, verlässliche Einnahmequelle suchst. Durch die Vermietung einer Immobilie kannst du regelmäßig Mieteinnahmen erzielen, was einen konstanten Geldfluss darstellt und dir eine nachhaltige, passive Einkommensmöglichkeit bietet.

Wann passen Immobilien eher nicht zu dir?

Immobilien sind vielleicht weniger für dich geeignet, wenn du eine geringe Risikobereitschaft hast. Denn wie jede Investition sind auch Immobilien mit Risiken verbunden. Mögliche Herausforderungen wie Mietausfall, Leerstand oder unerwartete Reparaturkosten können die Rendite schmälern und zusätzlichen Stress verursachen. Wenn du also ein eher risikoscheuer Anleger bist, könnten Immobilien eine weniger geeignete Wahl für dich sein.

Ein weiterer Grund, warum Immobilien möglicherweise nicht die richtige Option sind, ist, wenn du wenig Zeit hast. Das Management von Immobilien erfordert erheblichen Aufwand. Du musst dich um die Vermietung kümmern, Reparaturen durchführen lassen und die Verwaltung der Immobilie organisieren. Wenn du dies nicht selbst erledigen möchtest, müsstest du jemanden dafür beauftragen, was zusätzliche Kosten und Verantwortung mit sich bringt.

Schließlich könnten Immobilien weniger geeignet für dich sein, wenn du eine hohe Flexibilität wünschst. Wenn du dein Geld in Immobilien investierst, bindest du es langfristig. Der Verkauf einer Immobilie kann zeitaufwendig und komplex sein, sodass du nicht schnell auf das Kapital zugreifen kannst, falls du es benötigst. Wenn du also Flexibilität in Bezug auf den Zugang zu deinem Geld suchst, ist die Illiquidität von Immobilien ein wichtiger Nachteil.

Alles in allem können Immobilien eine hervorragende Ergänzung für dein Portfolio sein, bieten aber auch einige Herausforderungen. Bevor du dich für eine Immobilieninvestition entscheidest, solltest du deine persönlichen Ziele und deine finanzielle Situation sorgfältig abwägen.

Kryptowährungen

Kryptowährungen, wie *Bitcoin* oder *Ethereum*, sind digitale oder virtuelle Währungen, die auf Kryptografie basieren. Sie werden dezentral betrieben, was bedeutet, dass sie nicht von einer zentralen Organisation, wie einer Regierung oder einer Bank, kontrolliert werden. Hier die Vor- und Nachteile von Kryptowährungen.

Vorteile von Kryptowährungen

Ein bedeutender Vorteil ist das hohe Wachstumspotenzial. In den vergangenen Jahren haben einige Kryptowährungen enorme Kurssteigerungen erlebt, was sie zu einer attraktiven Option für Anleger macht, die nach hohen Renditen suchen. Diese potenziellen Gewinne haben zahlreiche Investoren angezogen, die auf einen weiteren Wertzuwachs hoffen.

Ein weiterer Vorteil von Kryptowährungen ist ihre Dezentralität. Im Gegensatz zu traditionellen Finanzsystemen sind sie unabhängig von zentralen Institutionen wie Banken oder Regierungen. Das bedeutet, dass sie nicht direkt von politischen oder wirtschaftlichen Entscheidungen einzelner Staaten beeinflusst werden, was von vielen Anlegern als eine Möglichkeit zur Risikominimierung angesehen wird.

Kryptowährungen zeichnen sich auch durch ihre globale Verfügbarkeit aus. Sie können weltweit und rund um die Uhr gehandelt werden, was den Anlegern eine hohe Flexibilität bietet. Dieser Zugang zu einem globalen Markt macht Kryptowährungen zu einer besonders vielseitigen Anlageoption, die unabhängig von Börsenzeiten oder geografischen Grenzen ist.

Darüber hinaus bieten Kryptowährungen die Chance, in eine innovative Technologie zu investieren. Die zugrunde liegende Blockchain-Technologie birgt das Potenzial für zahlreiche Innovationen in verschiedenen Branchen, von der Finanzwelt bis hin zu Bereichen wie Lieferkettenmanagement und digitalen Verträgen. Diese technologische Entwicklung könnte langfristig weitreichende Veränderungen und neue Geschäftsmöglichkeiten schaffen.

Nachteile von Kryptowährungen

Ein wesentlicher Nachteil ist die hohe Volatilität. Kryptowährungskurse können extrem stark schwanken, was bedeutet, dass Anleger mit einem hohen Risiko von großen Verlusten bis hin zu totalem Verlust des investierten Geldes konfrontiert sind. Diese Schwankungen können durch Marktstimmungen, Nachrichten oder regulatorische Veränderungen verstärkt werden, was den Markt für viele als riskant erscheinen lässt.

Ein weiterer Nachteil von Kryptowährungen ist die Regulierungsunsicherheit. Die rechtliche Lage von Kryptowährungen ist in vielen Ländern noch unklar und befindet sich in ständigem Wandel. Neue gesetzliche Vorschriften oder die Einführung von Einschränkungen könnten den Wert und die Nutzung von Kryptowährungen erheblich beeinflussen, was zusätzliche Unsicherheit für Anleger schafft.

Auch das technische Risiko ist ein Faktor, den man nicht unterschätzen sollte. Kryptowährungen basieren auf einer relativ neuen Technologie, der Blockchain, die bisher nicht vollständig ausgereift ist. Es gibt immer noch technische Herausforderungen und Sicherheitslücken, die sich auf die Funktionsweise und Stabilität der Währungen auswirken können. Diese Unsicherheit im Hinblick auf die Technologie könnte das Vertrauen der Anleger beeinträchtigen.

Ein weiterer Aspekt, der oft als Nachteil betrachtet wird, ist die Anonymität von Kryptowährungen. Während diese den Nutzern Privatsphäre und Schutz bieten kann, wird die Anonymität auch mit illegalen Aktivitäten in Verbindung gebracht. Die Tatsache, dass Transaktionen schwer nachverfolgbar sind, hat dazu geführt, dass Kryptowährungen in einigen Fällen für illegale Zwecke genutzt werden, was zu regulatorischen und sicherheitstechnischen Bedenken führt.

Übersicht	Kryptowährungen
Vorteile	
Hohes Wachstumspotenzial	✓ Möglichkeit extrem hoher Renditen
Dezentralität	✓ Unabhängig von Banken & Staaten
Globale Verfügbarkeit	✓ 24/7-Handel, keine geografischen Grenzen
Innovative Technologie	✓ Blockchain mit Zukunftspotenzial
Nachteile	
Extreme Volatilität	✗ Sehr hohe Kursschwankungen und Risiko von Totalverlust
Regulierungsunsicherheit	✗ Rechtliche Rahmenbedingungen unklar
Technische Risiken	✗ Sicherheitslücken & unausgereifte Technologie
Anonymität & Missbrauch	✗ Assoziation mit illegalen Aktivitäten

Wann könnten Kryptowährungen zu dir passen?

Kryptowährungen könnten besonders gut zu dir passen, wenn du ein hohes Risiko eingehen möchtest. Wenn du bereit bist, große Schwankungen in den Preisen zu akzeptieren und auf hohe Gewinne hoffst, könnten Kryptowährungen interessant für dich sein. Diese starken Schwankungen bieten die Chance auf schnelle Gewinne, bringen aber auch das Risiko von Verlusten mit sich.

Ein weiterer Grund, warum Kryptowährungen zu dir passen könnten, ist, wenn du dich für neue Technologien interessierst. Kryptowährungen sind eine relativ neue und moderne Technologie, die viele Möglichkeiten für die Zukunft bietet. Wenn du also etwas in eine zukunftsorientierte Entwicklung investieren möchtest, sind Kryptowährungen ein spannendes Thema.

Kryptowährungen könnten auch gut zu dir passen, wenn du an ein Finanzsystem ohne zentrale Kontrolle glaubst. Im Gegensatz zu traditionellen Banken werden Kryptowährungen nicht von einer einzelnen Institution oder Regierung gesteuert. Wenn du die Idee eines solchen Systems ansprechend findest, könnten Kryptowährungen eine passende Investition für dich sein.

Wann passen Kryptowährungen eher nicht zu dir?

Kryptowährungen könnten weniger gut zu dir passen, wenn Sicherheit für dich an erster Stelle steht. Da Kryptowährungen sehr stark schwanken können, ist das Risiko von Verlusten hoch. Wenn du also eine sichere und stabile Investition bevorzugst, sind Kryptowährungen aufgrund ihrer Volatilität möglicherweise nicht die beste Wahl für dich.

Auch wenn du wenig Ahnung von Technologie hast, könnte die Investition in Kryptowährungen schwierig sein. Um wirklich zu verstehen, wie sie funktionieren und welche Risiken damit verbunden sind, ist ein grundlegendes Verständnis der zugrunde liegenden Technologie wichtig. Ohne dieses Wissen könntest du Schwierigkeiten haben, die richtigen Entscheidungen zu treffen.

Schließlich könnten Kryptowährungen nicht zu dir passen, wenn du langfristige und stabile Renditen bevorzugst. Kryptowährungen sind eher für kurzfristige Spekulationen geeignet, da ihre Preise oft schnell und stark schwanken. Wenn du also nach einer stabilen, langfristigen Rendite suchst, gibt es bessere Anlagemöglichkeiten als Kryptowährungen.

Im Großen und Ganzen bieten Kryptowährungen sowohl Chancen als auch Risiken. Ob sie für dich geeignet sind, hängt von deiner individuellen Risikobereitschaft und deinen Anlagezielen ab.

(!) **Wichtiger Hinweis:** Kryptowährungen sind eine hochriskante Anlageform. Bevor du dich entscheidest, in Kryptowährungen zu investieren, solltest du dich gründlich informieren und gegebenenfalls einen Experten konsultieren.

Risiko vs. Rendite: Welcher Weg führt dich zum Erfolg?

Jeder, der sein Geld anlegt, steht vor einer spannenden Frage: Soll ich lieber auf Nummer sicher gehen und mein Geld auf dem Sparbuch parken? Oder wage ich den Sprung ins Unbekannte und investiere in risikoreichere Anlagen, die mir möglicherweise höhere Renditen bringen?

Genau hier kommt der Ausdruck „Risiko vs. Rendite" ins Spiel. Es ist ein bisschen wie bei einer Wippe: Je höher du steigen willst, desto weiter musst du dich nach vorn lehnen. Mehr Rendite bedeutet also in der Regel auch ein höheres Risiko.

Risiko und Rendite – zwei Seiten einer Medaille

Stell dir vor, du stehst auf einem weitläufigen Jahrmarkt, der die gesamte Welt der Geldanlagen repräsentiert. Überall gibt es Fahrgeschäfte, von ruhigen Karussells bis hin zu atemberaubenden Achterbahnen.

Das traditionelle Karussell, welches vergleichbar mit einem Sparbuch oder Tagesgeldkonto ist, dreht sich gleichmäßig und vorhersehbar. Es mag nicht besonders aufregend sein, aber es bietet Sicherheit. Du weißt genau, was dich erwartet, und musst keine unangenehmen Überraschungen fürchten.

Ganz anders sieht es bei den wilden Achterbahnen aus, die für Aktien oder Kryptowährungen stehen. Hier locken spektakuläre Höhenflüge und die Aussicht auf einen Adrenalinkick – sprich: hohe Renditen. Doch der Preis dafür ist Unberechenbarkeit. Plötzliche Abstürze sind möglich, und wer nicht vorbereitet ist, kann unsanft aus der Bahn geworfen werden. Manche erleben den Nervenkitzel als lohnendes Abenteuer, andere steigen mit flauem Magen aus.

Letztlich entscheidet jeder selbst, welche Fahrt er wagt – ob die sichere Runde auf dem Karussell oder das riskante Auf und Ab der Achterbahn. Wichtig ist, die eigenen Grenzen zu kennen und nur so viel Risiko einzugehen, wie man verkraften kann.

Warum mehr Risiko oft mehr Rendite verspricht

Das Geheimnis liegt in der Kompensation für Unsicherheit. Je größer die Ungewissheit über den zukünftigen Erfolg einer Anlage, desto höher ist die potenzielle Rendite. Ein Sparbuch ist so sicher wie ein Spaziergang im Park. Die Zinsen sind zwar niedrig, aber du kannst davon ausgehen, dass dein Geld am Ende der Laufzeit noch da ist. Eine Aktie eines vielversprechenden, jungen Unternehmens hingegen ist wie eine Bergbesteigung. Die Aussicht auf den Gipfel ist verlockend, aber der Weg dorthin ist steinig und voller Gefahren.

Warum sind Investoren trotzdem bereit, dieses Risiko einzugehen? Weil sie auf eine höhere Belohnung hoffen. Die Aktien eines vielversprechenden, jungen Unternehmens repräsentieren oft Innovation und Wachstum. Sie entwickeln neue Produkte oder Dienstleistungen, die den Markt revolutionieren können. Wenn diese Unternehmen erfolgreich sind, können die Renditen für Investoren enorm sein. Zudem können kleine Veränderungen im Unternehmenswert bei jungen Unternehmen zu großen Gewinnen für die Anleger führen.

Aber warum ist das Risiko so hoch? Weil die Zukunft ungewiss ist. Selbst die besten Geschäftspläne können scheitern, wenn sich die Rahmenbedingungen ändern oder unerwartete Ereignisse eintreten. Außerdem ist der Wettbewerb in vielen Branchen hart, und neue Unternehmen müssen sich gegen etablierte Konkurrenten durchsetzen.

Warum ist diese Verbindung zwischen Risiko und Rendite so fundamental?

Stell dir eine Welt vor, in der alle Anlagen sicher und hochrentabel wären. Das wäre eine Welt ohne Anreize. Warum sollte ein Unternehmer ein Risiko eingehen und ein neues Unternehmen gründen, wenn er sein Geld auch sicher und bequem anlegen könnte? Die hohe Rendite ist der Anreiz für Unternehmer, Innovationen zu entwickeln und neue Märkte zu erschließen. Und sie ist die Belohnung für Investoren, die bereit sind, dieses Risiko einzugehen.

Die Entscheidung, in risikoreiche Anlagen zu investieren, ist eine persönliche. Es ist wichtig zu verstehen, dass es kein risikoloses Investment gibt. Je höher die potenzielle Rendite, desto größer ist in der Regel auch das Risiko. Indem du dich gründlich informierst und deine Anlageentscheidungen sorgfältig abwägst, kannst du dein Vermögen langfristig erfolgreich aufbauen.

Jeder Mensch hat eine andere Risikobereitschaft. Manche können mit Schwankungen gut umgehen, andere bevorzugen sichere Anlagen. Es gibt kein Richtig oder Falsch. Wichtig ist, dass du deine persönliche Risikobereitschaft kennst.

Wie findest du das richtige Verhältnis für dich?

Die Entscheidung, wie du dein Geld investierst, ist nicht nur eine Frage der Zahlen, sondern auch der Persönlichkeit. Jeder Anleger hat eine unterschiedliche Toleranz für Risiko, eine individuelle finanzielle Situation und spezifische Ziele, die seine Anlagestrategie bestimmen. Doch wie findest du die richtige Balance zwischen Sicherheit und Rendite?

Zunächst solltest du dir überlegen, wie viel Geld du investieren kannst, ohne dass deine Lebensqualität darunter leidet. Niemand sollte sich in eine finanzielle Situation bringen, in der ein Börsencrash oder eine plötzliche Krise den Alltag bedroht. Ein guter erster Schritt ist es, ein finanzielles Polster für unvorhergesehene Ausgaben aufzubauen, also eine Notfallreserve, die idealerweise mehrere Monatsgehälter abdeckt. Erst wenn dieser Sicherheitsbaustein steht, solltest du darüber nachdenken, wie viel Kapital du tatsächlich investieren kannst.

Deine persönliche Risikobereitschaft ist ebenso ein sehr entscheidender Faktor. Manche Menschen können ruhig schlafen, selbst wenn ihre Investments vorübergehend an Wert verlieren, während andere bei jedem Kurseinbruch nervös werden. Frage dich ehrlich: Wie würdest du reagieren, wenn dein Depot innerhalb weniger Wochen 20 oder 30 Prozent an Wert verliert? Wenn dich das nervös macht, solltest du einen eher defensiven Anlagemix wählen, der weniger starken Schwankungen unterliegt. Wer hingegen die Schwankungen als normale Marktbewegungen ansieht und nicht in Panik gerät, kann sich auch an renditestarke, aber schwankende Anlagen wagen.

Letztendlich gibt es keine universelle Formel für das perfekte Risiko-Rendite-Verhältnis. Es hängt von deiner finanziellen Situation, deinen Zielen und deiner Persönlichkeit ab. Wichtig ist, dass du eine Balance findest, mit der du dich wohlfühlst – denn nur wer über Jahre hinweg investiert, wird langfristig erfolgreich sein.

Diversifikation – Streuung ist Trumpf

Wenn es um die eigene finanzielle Zukunft geht, sollte man nie alles nur auf eine Karte setzen und volles Risiko gehen. Deshalb sollte ein Anleger sein Vermögen am besten streuen und sich absichern.

Nachdem du die Bedeutung der Diversifikation und ihre grundlegenden Prinzipien im vorherigen Grundlagenkapitel kennengelernt hast, stellt sich die Frage, wie man dieses Konzept praktisch umsetzt. Ein gut diversifiziertes Portfolio erfordert nicht nur eine Aufteilung über verschiedene Anlageformen, sondern auch eine durchdachte Strukturierung innerhalb dieser Formen.

Die erste Entscheidung betrifft die Gewichtung der einzelnen Anlageformen. Hier spielen persönliche Faktoren wie dein Anlagehorizont, deine Risikobereitschaft und deine finanziellen Ziele eine entscheidende Rolle. Ein junger Anleger, der noch Jahrzehnte bis zur Rente hat, kann einen höheren Anteil in wachstumsstarken, aber wechselhaften Anlagen wie Aktien oder Kryptowährungen halten. Wer dagegen kurz vor dem Ruhestand steht, wird einen größeren Anteil in sichereren Anlageformen wie Anleihen oder Dividendenaktien bevorzugen.

Ein wichtiger Schritt ist die geografische Streuung. Märkte entwickeln sich nicht immer synchron – während die Wirtschaft in den USA wächst, kann Europa in eine Rezession rutschen oder umgekehrt. Ein Portfolio, das globale Märkte abdeckt, reduziert das Risiko, dass wirtschaftliche Probleme in einer Region dein gesamtes Vermögen beeinträchtigen. ETFs auf weltweite Indizes wie den *MSCI World* oder den *FTSE All-World* bieten hier eine einfache und kostengünstige Möglichkeit, mit einer einzigen Investition Zugang zu Hunderten von Unternehmen aus verschiedenen Ländern zu erhalten.

Auch innerhalb einer Anlageklasse ist es wichtig, auf eine sinnvolle Verteilung zu achten. Bei Aktien bedeutet das nicht nur eine Mischung von verschiedenen Branchen, sondern auch aus Unternehmensgrößen. Während große, etablierte Konzerne Stabilität bieten, haben kleinere Unternehmen oft ein höheres Wachstumspotenzial. Die Kombination aus beidem kann das Risiko reduzieren, ohne auf Renditechancen zu verzichten.

Neben der Auswahl der richtigen Investments ist es entscheidend, das Portfolio regelmäßig zu überprüfen und anzupassen. Im Laufe der Zeit können sich die Gewichtungen durch Kursentwicklungen verschieben.

Wenn Aktien stark steigen, kann ihr Anteil am Portfolio überproportional groß werden, was das Risiko erhöht. Regelmäßiges Rebalancing stellt sicher, dass die ursprüngliche Aufteilung erhalten bleibt. Das bedeutet, Gewinne aus übergewichteten Bereichen teilweise mitzunehmen und schwächere, aber langfristig vielversprechende Anlageklassen nachzukaufen.

Schließlich sollte Diversifikation nicht als starres Konzept verstanden werden. Wirtschaftliche Entwicklungen, technologische Fortschritte oder politische Veränderungen können die Attraktivität einzelner Anlageklassen beeinflussen. Wer flexibel bleibt und seine Strategie anpasst, kann nicht nur Risiken reduzieren, sondern auch neue Chancen nutzen.

Ein breit gestreutes Portfolio sorgt für mehr Stabilität und mindert das Risiko extremer Verluste. Die richtige Mischung hängt jedoch immer von den individuellen Zielen und Rahmenbedingungen ab. Wer sich mit den eigenen Finanzen beschäftigt und eine kluge Verteilung wählt, legt den Grundstein für nachhaltigen Vermögensaufbau.

Persönliche Erfahrungen: So habe ich mein Portfolio aufgebaut

Als ich anfing, mich mit dem Thema Geldanlage zu beschäftigen, war ich ein klassischer Sparer. Mein Geld lag sicher auf dem Sparbuch, und jede Investition außerhalb dieser vermeintlich sicheren Anlageform erschien mir wie ein riskantes Spiel. Die Vorstellung, mein hart verdientes Geld zu verlieren, hat mich lange Zeit davon abgehalten, mich mit Aktien, ETFs und Co. zu beschäftigen.

Doch mit der Zeit wurde mir klar, dass ich mit meinem Sparbuch allein meine Kaufkraft nicht gegen die Inflation schützen kann. Die Zinsen waren so gering, dass mein Geld genau genommen an Wert verlor. Also begann ich, mich intensiver mit dem Thema zu beschäftigen, Bücher zu lesen und Podcasts zu hören. Schnell wurde mir klar, dass Investieren nicht so kompliziert sein muss, wie ich dachte.

Investieren ist ein Marathon, kein Sprint. Es erfordert Geduld, Disziplin und eine gute Portion Risikobereitschaft. Aber wer bereit ist, etwas Zeit und Energie in die Sache zu investieren, kann langfristig sein Vermögen aufbauen und sich finanziell absichern.

Am Anfang habe ich einige Fehler gemacht. Ich habe mein Geld in einzelne Aktien investiert, ohne mich vorher ausreichend über die Unternehmen zu informieren. Als diese Aktien dann an Wert verloren, war ich kurz davor, alles aufzugeben. Doch ich habe daraus gelernt und mein Investmentverhalten grundlegend geändert.

Heute habe ich ein breit gestreutes Portfolio, das sowohl sichere Anlagen wie Tagesgeld und ETFs auf dem Gesamtmarkt als auch Einzelaktien von soliden Unternehmen enthält. Ich habe mir bewusst gemacht, dass es kein Patentrezept für erfolgreiches Investieren gibt. Jeder Anleger muss seine eigene Strategie entwickeln, die zu seinen individuellen Zielen und seiner Risikobereitschaft passt.

Welche Anlagestrategie ist die richtige für dich?

Die Welt der Investments ist so vielfältig wie die Menschen, die darin agieren. Es gibt nicht die eine perfekte Strategie, die für jeden passt, denn die optimale Wahl hängt von deinen individuellen Zielen, deiner finanziellen Situation und deinem Risikoprofil ab.

Stell dir vor, du möchtest ein Haus bauen. Bevor du loslegst, musst du grundlegende Entscheidungen treffen: Möchtest du ein kleines, solides Eigenheim oder eine große, repräsentative Villa? Planst du etwas für die nächsten Jahrzehnte oder nur eine kurzfristige Immobilie, die du bald wieder verkaufen möchtest? Je nachdem, wie deine Vorstellungen aussehen, wählst du unterschiedliche Materialien, setzt auf eine bestimmte Bauweise und entscheidest, ob du eher auf Sicherheit oder auf schnelle Wertsteigerung setzt.

Ähnlich ist es bei deiner Geldanlage. Deine Strategie sollte darauf abgestimmt sein, ob du langfristig ein stabiles finanzielles Fundament aufbauen willst oder eher kurzfristige Gewinne anstrebst. Die folgenden drei Aspekte spielen dabei eine entscheidende Rolle und helfen dir, deine persönliche Anlagestrategie zu entwickeln.

Risiko: Wie viel Abenteuer darf es sein?

Wie du bereits im vorherigen Kapitel gelernt hast, ist deine Risikobereitschaft der Kompass, der dir den Weg durch das breite Anlageuniversum weist. Während einige Menschen den Nervenkitzel einer Bergbesteigung lieben, bei der sie steile Klippen überwinden und atemberaubende Ausblicke genießen, bevorzugen andere eine gemütliche Wanderung durch sanfte, grüne Hügel, bei der das Ziel zwar später, aber dafür sicher erreicht wird. Ähnlich verhält es sich bei der Geldanlage: Manche Anleger suchen bewusst das Abenteuer, während andere sich nach Stabilität und Planbarkeit sehnen.

Wenn du gerne neue Wege gehst und dich von kurzfristigen Rückschlägen nicht aus der Ruhe bringen lässt, könnten Aktien eine interessante und lohnende Wahl für dich sein. Diese Anlageklasse bietet langfristig betrachtet oft hohe Renditen, doch der Weg dorthin ist nicht immer geradlinig. Aktienmärkte unterliegen mitunter starken Schwankungen, und es kann Phasen geben, in denen dein Depot an Wert verliert. Doch wer einen langen Atem hat, kann von der Erholung und dem Wachstum der Märkte profitieren.

Dennoch gibt es Anleger, die lieber auf Sicherheit setzen und nicht ständig auf den aktuellen Stand der Märkte schauen wollen. Wer sich in dieser Gruppe wiederfindet, fühlt sich vermutlich wohler mit Anlageformen, die weniger volatil sind. Tagesgeldkonten oder festverzinsliche Anleihen bieten zwar nur geringe Renditen, dafür aber eine hohe Sicherheit. Immobilien wiederum sind eine langfristige Investition mit realem Sachwert. Stell dir vor, du baust ein Haus: Es ist eine zeitaufwendige, aber lohnende Entscheidung. Zwar können Immobilienpreise schwanken, doch im Gegensatz zu Aktien wird eine gut gewählte Immobilie niemals völlig wertlos.

Die Frage, die du dir stellen solltest, ist also: **Wie viel Unsicherheit kannst und möchtest du aushalten?** Wer bei jeder Marktschwankung nervös wird, sollte sein Portfolio so aufstellen, dass es einen auch in turbulenten Zeiten ruhig schlafen lässt. Wer hingegen Chancen in volatilen Märkten erkennt und bereit ist, Risiken einzugehen, kann sich gezielt in renditestärkere Anlageklassen wagen.

Es gibt keine richtige oder falsche Antwort – wichtig ist, dass du eine Strategie wählst, die zu deiner Persönlichkeit passt. Denn am Ende zählt nicht nur, wie viel du theoretisch verdienen könntest, sondern auch, dass du dich mit deiner Anlagestrategie wohlfühlst und sie langfristig durchhältst.

Zeithorizont: Kurzfristig oder langfristig?

Der Zeithorizont deiner Geldanlage ist einer der entscheidenden Faktoren bei der Auswahl der passenden Strategie. Er bestimmt, welche Anlageformen für dich sinnvoll sind und wie flexibel du bleiben solltest.

Wenn du dein Geld für ein kurzfristiges Ziel anlegen möchtest – beispielsweise den Kauf eines Autos oder einer Immobilie in ein bis zwei Jahren – ist Sicherheit wichtiger als Rendite. In diesem Fall sollten deine Ersparnisse nicht den Schwankungen des Marktes ausgesetzt sein, da du das Geld zu einem festen Zeitpunkt benötigst.

Anders sieht es aus, wenn du dein Vermögen langfristig aufbauen möchtest, etwa für die Altersvorsorge oder den finanziellen Wohlstand in mehreren Jahrzehnten. Wer über einen langen Zeitraum investiert, kann Schwankungen aussitzen und von den langfristigen Wachstumschancen profitieren. Langfristige Investitionen lassen sich gut mit dem Pflanzen eines Baumes vergleichen. In den ersten Jahren scheint das Wachstum kaum sichtbar, und der junge Baum ist anfällig für Stürme und Wetterumschwünge. Doch mit der Zeit werden die Wurzeln tiefer, der Stamm stabiler und die Krone breiter. Nach einigen Jahrzehnten spendet er Schatten, trägt vielleicht Früchte und bietet Schutz – ein nachhaltiger Wert, der mit Geduld und Beständigkeit gewachsen ist.

Die wichtigste Frage, die du dir stellen solltest, lautet also: **Wann brauchst du dein Geld?** Je nach Antwort kannst du deine Strategie gezielt anpassen. Kurzfristige Ziele erfordern Sicherheit und schnelle Verfügbarkeit des Geldes, während langfristige Investitionen von Geduld und einer gewissen Risikobereitschaft profitieren. Wer seinen Zeithorizont klug und realistisch wählt, legt damit den Grundstein für eine erfolgreiche Anlagestrategie.

Finanzielle Ziele: Was möchtest du erreichen?

Bevor du mit dem Investieren beginnst, solltest du dir eine grundlegende Frage stellen: **Was möchtest du mit deinem Geld überhaupt erreichen?** Deine finanziellen Ziele sind die Leitplanken, die deine gesamte Anlagestrategie bestimmen. Ohne eine klare Richtung kann es passieren, dass du impulsiv oder unüberlegt investierst und später feststellst, dass deine Geldanlage nicht zu deiner Lebensplanung passt.

Es gibt verschiedene finanzielle Ziele, und jedes erfordert eine andere Herangehensweise. Vielleicht möchtest du in den nächsten Jahren nur noch Teilzeit arbeiten und brauchst dafür ein solides finanzielles Polster. In diesem Fall wäre eine Strategie sinnvoll, die dein Kapital erhält und möglichst wenig Schwankungen ausgesetzt ist. Oder planst du, langfristig Vermögen aufzubauen, um in 20 bis 30 Jahren weniger arbeiten zu müssen? Dann solltest du auf Investments setzen, die ein höheres Wachstumspotenzial haben, auch wenn sie kurzfristig stärkeren Schwankungen unterliegen.

Ein weiteres wichtiges Ziel kann der Aufbau eines zusätzlichen Einkommensstroms sein. Wenn du etwa dein monatliches Einkommen durch Dividenden oder Mieteinnahmen ergänzen möchtest, brauchst du Anlagen, die regelmäßige Erträge abwerfen.

Ein guter erster Schritt ist es, deine finanziellen Ziele so konkret wie möglich zu definieren. Ein allgemeiner Wunsch wie „Ich möchte mehr Geld haben“ reicht nicht aus. Stattdessen solltest du dir genaue Beträge und Zeiträume setzen: „Ich möchte in zehn Jahren 100.000 Euro angespart haben, um mir eine Immobilie zu kaufen“ oder „Ich möchte mit 30 Jahren so viel passives Einkommen haben, dass ich nur noch Teilzeit arbeiten muss.“

Sobald du deine Ziele klar vor Augen hast, kannst du deine Investments gezielt darauf abstimmen. Je nach Zeithorizont und gewünschtem Wachstum kann es sinnvoll sein, dein Portfolio anzupassen und verschiedene Anlageklassen zu kombinieren. Wichtig ist dabei, realistisch zu bleiben und deine Strategie regelmäßig zu überprüfen.

Dein finanzielles Ziel bestimmt nicht nur, in welche Anlageformen du investierst, sondern auch, wie du mit Risiken umgehst. Wer langfristig denkt, kann sich größere Schwankungen leisten, während jemand mit einem kurzfristigen Ziel mehr Wert auf Sicherheit legen muss. Indem du deine Geldanlage konsequent an deine persönliche Lebensplanung anpasst, stellst du sicher, dass dein Vermögen tatsächlich für dich arbeitet und dir hilft, deine Träume zu verwirklichen.

Loslegen mit dem Investieren: Ein Schritt-für-Schritt-Guide

Du möchtest dein Geld für dich arbeiten lassen und willst das Investieren dafür nutzen? Dann ist jetzt der perfekte Zeitpunkt, um mit dem Investieren zu beginnen. Auch wenn es am Anfang überwältigend erscheinen mag, ist es einfacher, als du denkst. In diesem Abschnitt führe ich dich Schritt für Schritt durch den Prozess, damit du deine ersten Investitionen sicher und erfolgreich tätigst.

Schritt 1: Definiere deine Ziele

Bevor du dein Geld anlegst, solltest du dir klare Ziele setzen. Möchtest du für den Ruhestand vorsorgen, eine Immobilie kaufen oder einfach nur dein Vermögen langfristig aufbauen? Deine Ziele bestimmen, welche Anlageform für dich am besten geeignet ist und wie viel Risiko du eingehen kannst.

Schritt 2: Erstelle einen Finanzplan

Ein Finanzplan gibt dir einen Überblick über deine finanzielle Situation und hilft dir, deine Ziele zu erreichen. Überlege dir, wie viel Geld du regelmäßig investieren kannst und wie viel du für andere Ausgaben benötigst. Wie du einen Finanzplan erstellst, hast du in Teil I erfahren.

Schritt 3: Wähle den richtigen Anbieter/Broker

Es gibt zahlreiche Anbieter, bei denen du dein Geld anlegen kannst. Vergleiche die verschiedenen Angebote und wähle einen Anbieter, der zu deinen Bedürfnissen passt. Achte zunächst auf die Kosten, die bei verschiedenen Anbietern stark variieren können. Hohe Gebühren schmälern deine Rendite erheblich. Neben den Kosten ist auch die Auswahl an Anlageprodukten entscheidend. Bietet der Anbieter die Produkte an, die du für deine Anlagestrategie benötigst? ETFs, Aktien, Fonds – das Angebot sollte deinen individuellen Bedürfnissen entsprechen.

Ein weiterer wichtiger Faktor ist der Service. Steht dir ein kompetenter Kundenservice zur Verfügung, der deine Fragen beantwortet und dich bei Problemen unterstützt? Die Benutzerfreundlichkeit der Plattform ist ebenfalls ein wichtiger Aspekt. Eine intuitive Oberfläche erleichtert dir die Verwaltung deiner Investments.

Bei der Auswahl solltest du folgende Aspekte berücksichtigen:

- **Gebühren**
  Vergleiche die verschiedenen Gebührenmodelle und achte auf versteckte Kosten.

- **Mindesteinlage**
  Wie viel Geld musst du mindestens einzahlen, um ein Konto zu eröffnen?

- **Auswahl an Anlageprodukten**
  Bietet der Anbieter eine breite Palette an ETFs, Aktien und Fonds an?

- **Zusätzliche Leistungen**
  Gibt es Sparpläne, Depots für Minderjährige oder Zugang zu Finanzanalysen?

- **Regulierung**
  Ist der Anbieter von einer staatlichen Behörde reguliert?

Bekannte Anbieter in Deutschland sind beispielsweise *Comdirect*, *ING*, *Trade Republic* und *Scalable Capital*. Jeder Anbieter hat seine Stärken und Schwächen. Informiere dich gründlich und wähle einen Anbieter, der zu deinen individuellen Bedürfnissen und Zielen passt.

Denk daran: Die beste Plattform ist die, die du regelmäßig nutzt. Eine komplizierte Oberfläche kann dazu führen, dass du deine Investments vernachlässigst. Nimm dir Zeit für den Vergleich und wähle einen Anbieter, der dich bei deinem Weg zum erfolgreichen Anleger unterstützt.

Schritt 4: Informiere dich über Anlageformen und erstelle eine Anlagestrategie

Es gibt viele verschiedene Anlageformen, jede mit ihren eigenen Vor- und Nachteilen. Die geläufigsten Anlageformen hast du ja bereits in diesem Kapitel kennengelernt. Wenn du noch mehr Informationen zu den Anlageformen benötigst oder noch weitere Anlagemöglichkeiten suchst, empfehle ich dir, dich darüber erst einmal weiter zu informieren, bis du dich sicher fühlst.

Wenn du dich ausreichend informiert fühlst, solltest du dir eine Anlagestrategie zurechtlegen, um deine definierten Ziele zu erreichen. Die grundlegenden Aspekte hierfür hast du ebenfalls in diesem Kapitel kennengelernt. Natürlich ist es nicht leicht, ohne jegliche Erfahrung direkt eine gute Anlagestrategie zu erstellen. Wenn du dich hier unsicher fühlst, empfehle ich dir, dich von Experten beraten zu lassen. Andernfalls kann man auch erst einmal in Betracht ziehen, mit einer simplen und risikoärmeren Anlagestrategie zu beginnen und diese über die Zeit anzupassen. Beispielsweise könnte man zunächst nur in breit gestreute ETFs investieren und vernachlässigt Einzelaktien und Co.

Denk daran: Du musst dich wohl mit deiner Anlagestrategie fühlen und lass dich nicht in irgendetwas hineinreden. Es ist dein Geld und deine Zukunft, dementsprechend solltest du auch die Entscheidung treffen!

Schritt 5: Beginne klein und regelmäßig

Beginne klein und steigere deine Investments nach und nach. Statt gleich eine große Summe zu investieren, ist es sinnvoller, regelmäßig kleinere Beträge (zum Beispiel zwischen 50 Euro und 100 Euro monatlich) anzulegen. Indem du mit kleineren Beträgen startest, reduzierst du das Risiko. Sollten die Märkte einmal schwanken, trifft das dich nicht so hart. Außerdem sammelst du wertvolle Erfahrungen und kannst deine Anlagestrategie kontinuierlich anpassen. Kleine Erfolge motivieren und stärken dein Selbstvertrauen, was wiederum zu einer positiven Einstellung gegenüber dem Investieren beiträgt.

Neben dem Start mit kleinen Beträgen ist die Regelmäßigkeit entscheidend. Durch regelmäßige Investitionen nutzt du den sogenannten Cost-

Average-Effekt. Das bedeutet, dass du über einen längeren Zeitraum im Durchschnitt zu einem günstigeren Kurs kaufst, da du sowohl in Phasen hoher als auch niedriger Kurse investierst. Stell es dir so vor: Du kaufst jeden Monat für den gleichen Betrag Aktien. An Tagen, an denen die Kurse niedrig sind, bekommst du mehr Aktien für dein Geld, und an Tagen, an denen die Kurse hoch sind, weniger. Über einen längeren Zeitraum gleicht sich das aus.

Schritt 6: Sei geduldig

Wie bereits erwähnt: Investieren ist ein Marathon, kein Sprint. Das bedeutet, dass Geduld eine der wichtigsten Eigenschaften eines erfolgreichen Investors ist. Kurzfristige Marktschwankungen sind normal und sollten dich nicht aus der Ruhe bringen. Konzentriere dich stattdessen auf deine langfristigen Ziele. Stell dir vor, du pflanzt einen Baum. Du gießt ihn regelmäßig, sorgst dafür, dass er genügend Sonne bekommt, aber es dauert Jahre, bis er Früchte trägt. Ähnlich verhält es sich mit deinen Investments.

Ein kurzfristiger Kursrückgang kann verunsichern, ist aber kein Grund zur Panik. Solche Schwankungen gehören zum Investieren dazu und sind oft vorübergehend. Langfristig gesehen tendieren die Märkte eher nach oben. Wenn du geduldig bleibst und regelmäßig investierst, profitierst du von diesem langfristigen Wachstum. Dabei spielt auch der Zinseszins eine entscheidende Rolle. Je länger dein Geld angelegt ist, desto stärker wirkt dieser Effekt.

Um deine Geduld zu stärken, solltest du dir realistische Ziele setzen und dich regelmäßig in sinnvollen Zeitabständen über die Entwicklungen an den Finanzmärkten informieren, ohne dich von kurzfristigen Nachrichten verunsichern zu lassen. Vermeide es jedoch, zu oft oder ständig den Kurs deiner Investments zu checken. Das kann zu unnötiger Anspannung führen. Halte stattdessen an deiner langfristigen Anlagestrategie fest.

Angenommen, du hast vor, in 20 Jahren eine Weltreise zu machen. Ein kurzfristiger Börsencrash könnte dich verunsichern, aber er ändert nichts an deinem langfristigen Ziel. Solange du geduldig bleibst und regelmäßig investierst, kommst du diesem Ziel Schritt für Schritt näher.

Schritt 7:
Überwache dein Portfolio regelmäßig

Hier kommt wieder mein Vergleich mit dem Garten: Dein Portfolio muss regelmäßig gepflegt werden wie ein Garten. Genauso wie sich die Bedingungen in deinem Garten ändern – die Sonne scheint anders, der Boden verändert sich, deine Vorlieben für Pflanzen wechseln – so verändern sich auch die Bedingungen an den Finanzmärkten und deine persönlichen Ziele.

Deine finanziellen Ziele entwickeln sich im Laufe deines Lebens weiter. Vielleicht möchtest du früher in Rente gehen oder eine Immobilie erwerben. Auch die Märkte sind dynamisch. Unternehmen wachsen, neue Technologien entstehen und politische Ereignisse beeinflussen die Kurse. Und schließlich verändert sich auch deine persönliche Risikobereitschaft mit der Zeit.

Deshalb ist es wichtig, dein Portfolio regelmäßig zu überprüfen und gegebenenfalls anzupassen. So stellst du sicher, dass es weiterhin zu deinen Zielen passt. Frag dich bei jeder Überprüfung: Passen meine Investments noch zu meinen Zielen? Gibt es Unternehmen, die ich verkaufen möchte? Gibt es neue Anlagemöglichkeiten, die interessant für mich sind? Ist meine Vermögensaufteilung noch ausgewogen?

Nehmen wir an, du hast vor Jahren ein Aktienportfolio zusammengestellt, das sich hauptsächlich auf Tech-Aktien konzentriert hat. Inzwischen sind die Zinsen gestiegen und du möchtest dein Risiko reduzieren. In diesem Fall könntest du einen Teil deiner Tech-Aktien verkaufen und in ein Tagesgeldkonto investieren.

Einmal jährlich ist eine gute Richtlinie für eine Überprüfung. Bei größeren Veränderungen in deinem Leben oder an den Märkten solltest du jedoch häufiger nach dem Rechten sehen.

Also, worauf wartest du noch?

Mit diesem Schritt-für-Schritt-Guide bist du bestens gerüstet, um deine ersten Investitionen zu tätigen. Denk daran: Jeder erfolgreiche Investor hat einmal klein angefangen. Leg los und lass dein Geld für dich arbeiten!

Zentrale Erkenntnisse aus Teil III

Investieren ist die treibende Kraft des Frugalismus – der entscheidende Unterschied zum bloßen Sparen oder Minimalismus. In diesem Teil hast du entdeckt, wie du dein Geld von einem passiven Sparer zu einem aktiven Investor transformierst, der sein Vermögen langfristig vermehrt.

Ein zentrales Element ist die Erkenntnis, dass Investieren kein Privileg der Reichen ist, sondern ein Werkzeug für jeden, der bereit ist, die Grundlagen zu lernen. Ob Tagesgeld, Aktien, ETFs oder Immobilien – jede Anlageform hat ihre eigene Dynamik und passt zu unterschiedlichen Lebenssituationen und Risikoprofilen. Der Schlüssel liegt darin, die richtige Balance zwischen Sicherheit und Wachstum zu finden.

Besonders deutlich wird dies beim Vergleich von klassischen Sparformen wie Tagesgeld mit renditestärkeren Anlagen wie Aktien oder ETFs. Während das Tagesgeld Sicherheit und Flexibilität bietet, schützt es kaum vor Inflation. Aktien hingegen schwanken stärker, haben aber historisch betrachtet langfristig die höchsten Renditen erzielt. ETFs vereinen dabei das Beste aus beiden Welten: Sie sind kostengünstig, breit gestreut und eignen sich ideal für langfristige Anleger, die nicht durchgehend den Markt beobachten möchten.

Doch Investieren ist mehr als nur die Auswahl der richtigen Anlageklasse. Es geht um Strategie – um die Kunst, Risiko und Rendite in Einklang zu bringen. Ein gut diversifiziertes Portfolio ist wie ein stabil gebautes Haus. Es hält Stürmen stand, weil es nicht auf einer einzigen Säule ruht. Wer sein Vermögen auf verschiedene Anlageformen verteilt, kann Marktschwankungen besser abfedern und von unterschiedlichen Wachstumschancen profitieren.

Ein weiterer entscheidender Faktor ist die persönliche Risikobereitschaft. Nicht jeder kann ruhig schlafen, wenn sein Depot kurzfristig 20 Prozent verliert. Und das ist in Ordnung! Die beste Anlagestrategie ist die, die du langfristig durchhältst – ohne dich von jeder Marktbewegung aus der Bahn werfen zu lassen. Hier zeigt sich die Stärke des Frugalismus: Indem du bewusst lebst und unnötige Ausgaben vermeidest, schaffst du finanzielle Spielräume, die es dir erlauben, geduldig zu investieren und Schwankungen auszusitzen.

Das wichtigste Learning

Investieren ist kein Glücksspiel, sondern ein Handwerk. Es erfordert Wissen, Disziplin und einen langen Atem. Doch wer die Grundprinzipien versteht – Diversifikation, Kostenminimierung und regelmäßiges Investieren – legt den Grundstein für den eigenen finanziellen Erfolg. Egal, ob du mit 100 Euro oder 10.000 Euro startest: Der erste Schritt ist immer der wichtigste.

Wenn du diese Erkenntnisse verinnerlichst, wirst du verstehen: Investieren ist keine Zauberei, sondern eine Methode, die jeder erlernen kann. Es geht nicht darum, über Nacht reich zu werden, sondern darum, dein Geld so einzusetzen, dass es für dich arbeitet – heute, morgen und in den nächsten Jahrzehnten. Und das Schönste daran? Du kannst sofort beginnen. Mit kleinen Schritten, einem klaren Plan und der Gewissheit, dass jeder Euro, den du heute investierst, dir morgen mehr Möglichkeiten schenkt.

TEIL IV

Dein finanzieller Autopilot: Wie du dir passives Einkommen schaffst

Passives Einkommen bedeutet, Geld zu verdienen, ohne dafür ständig aktiv tätig sein zu müssen. Es ist mehr als nur ein Traum vom finanziellen Autopiloten, sondern es ist eine erreichbare Realität für jeden, der bereit ist, die ersten Schritte zu wagen. Ob du deine finanzielle Sicherheit erhöhen, mehr Zeit für deine Leidenschaften gewinnen oder einfach nur deine Träume verwirklichen möchtest: Passives Einkommen bietet dir mehr Zeit und Freiraum, dein Leben nach deinen Vorstellungen zu gestalten.

Wir werden gemeinsam die Grundlagen des passiven Einkommens erkunden und dir verschiedene Strategien vorstellen, wie du deine eigenen passiven Einkommensströme aufbauen kannst. Dabei gehe ich auch auf die Herausforderungen ein, die auf dem Weg zu einem passiven Einkommen auf dich warten, und gebe dir praktische Tipps, wie du sie meistern kannst.

Dieser Teil ist dein persönlicher Fahrplan in Richtung finanzieller Autopilot. Ich begleite dich von den ersten Schritten bis hin zur Umsetzung deiner individuellen Strategie.

Was erwartet dich in diesem Teil?

- **Grundlagen**
  Du verstehst, was passives Einkommen ist und wie es funktioniert.

- **Strategien**
  Du lernst verschiedene Möglichkeiten kennen, um passives Einkommen zu generieren (z. B. Investitionen, Online-Geschäfte).

- **Erfolgsfaktoren**
  Du lernst, was für den Erfolg entscheidend ist (z. B. Geduld, Diversifikation).

- **Fehler vermeiden**
  Du erfährst, welche Fehler du vermeiden solltest.

- **Erste Schritte**
  Du erhältst eine Schritt-für-Schritt-Anleitung zum Einstieg.

Bist du bereit, die Zügel in die Hand zu nehmen und dein Geld für dich arbeiten zu lassen? Dann lass uns gemeinsam loslegen und deinen finanziellen Autopiloten starten!

(!) **Wichtiger Hinweis:** Dieser Teil bietet einen Überblick über verschiedene Möglichkeiten, passives Einkommen zu erzielen. Er ersetzt jedoch keine professionelle Finanzberatung. Die hier genannten Beispiele dienen lediglich der Illustration und sind nicht als Kauf- oder Verkaufsempfehlungen zu verstehen. Die Wertentwicklung vergangener Investments ist kein verlässlicher Indikator für zukünftige Ergebnisse. Investitionen sind mit Risiken verbunden. Bitte informiere dich gründlich und ziehe gegebenenfalls einen Finanzberater hinzu.

Die Grundlagen des passiven Einkommens

„Arbeite, bis dein Geld für dich arbeiten kann."

Dieser Leitspruch fasst die Idee des passiven Einkommens gut zusammen. Es geht darum, seine Finanzen so zu gestalten, dass sie auch ohne ständiges Eingreifen wachsen.

Passives Einkommen ist genau das: Geld, das du erhältst, ohne dafür ständig aktiv arbeiten zu müssen. Es entsteht durch Investitionen, die du einmal tätigst und die dann kontinuierlich Erträge abwerfen. Das können Mieteinnahmen von Immobilien sein, Zinsen von Bankkonten, Dividenden von Aktien oder auch Einnahmen aus einem Online-Shop, den du einmal aufgebaut hast.

Aktives Einkommen hingegen ist das, was du durch deine tägliche Arbeit verdienst. Du arbeitest eine bestimmte Anzahl Stunden und bekommst dafür einen Lohn. Wenn du aufhörst zu arbeiten, hört auch dein Einkommen auf zu fließen. Der entscheidende Unterschied ist, dass du dich beim aktiven Einkommen direkt an der Wertschöpfung beteiligst. Du tauschst deine Arbeitszeit gegen Geld. Beim passiven Einkommen hast du einen Wert geschaffen (zum Beispiel eine Immobilie gekauft, einen Online-Kurs erstellt etc.), der dann ohne dein tägliches Zutun Geld generiert.

Passives Einkommen bietet dir finanzielle Sicherheit. Stell dir vor, du hättest mehrere solcher Quellen, die dir regelmäßig Einkommen bringen. Das ermöglicht dir, dich auf die Dinge zu konzentrieren, die dir im Leben wichtig sind, ohne dass deine finanzielle Sicherheit gefährdet ist. Es ist ein Schritt in Richtung finanzieller Sicherheit.

Warum passives Einkommen?

Passives Einkommen bietet eine Vielzahl von Vorteilen, die unser Leben auf vielfältige Weise bereichern können. Es geht weit über die bloße Generierung von zusätzlichem Einkommen hinaus.

Finanzielle Sicherheit

Passives Einkommen schafft eine solide finanzielle Grundlage. Mehrere Einnahmequellen bedeuten, dass man weniger abhängig von einem einzigen Einkommen ist. Das gibt ein Gefühl von Sicherheit und ermöglicht es, größere finanzielle Ziele zu verfolgen, wie beispielsweise den Kauf einer Immobilie, eine längere Reise oder die frühzeitige Pensionierung.

Zeitliche Freiheit

Einer der größten Vorteile ist die gewonnene Zeit. Wenn ein Teil deines Einkommens automatisch generiert wird, hast du mehr Freiraum für die Dinge, die dir wirklich wichtig sind. Ob es nun darum geht, mehr Zeit mit der Familie zu verbringen, ein eigenes Unternehmen zu gründen oder einfach nur zu entspannen – passives Einkommen gibt dir mehr Freiraum, dein Leben nach deinen eigenen Vorstellungen zu gestalten.

Stressreduktion

Die Sorge um finanzielle Engpässe kann eine erhebliche Belastung darstellen. Passives Einkommen kann dazu beitragen, diesen Stress zu reduzieren. Wenn du weißt, dass du über eine stabile Einnahmequelle verfügst, fühlst du dich sicherer und kannst entspannter deinem Alltag begegnen.

Flexibilität

Passives Einkommen ist oft ortsunabhängig. Ob du am Strand liegst oder in einem Café sitzt – dein Geld arbeitet für dich weiter. Das eröffnet neue Möglichkeiten für digitales Nomadentum oder einfach nur mehr Flexibilität im Arbeitsalltag.

Langfristige Vermögensbildung

Durch konsequentes Investieren in Vermögenswerte, die passives Einkommen generieren, baust du langfristig Vermögen auf. Dieses Vermögen kann als Sicherheit dienen und an zukünftige Generationen weitergegeben werden.

Der Mythos vom schnellen Geld

Viele Menschen werden von der Idee des passiven Einkommens angezogen, weil sie sich ein Leben ohne Arbeit und voller finanzieller Freiheit vorstellen. Die Vorstellung, dass Geld quasi von allein in die eigene Tasche fließt, ist verlockend. Doch die Realität sieht oft anders aus.

Passives Einkommen ist kein Schneeballsystem, bei dem man über Nacht reich wird. Um erfolgreich passives Einkommen zu generieren, musst du in der Regel zunächst einmal eine erhebliche Anfangsinvestition tätigen. Das kann in Form von Geld, Zeit oder beidem sein. Du musst dich etwa mit verschiedenen Themen auseinandersetzen. Ob es um Finanzmärkte, Marketingstrategien oder Immobilienrecht geht – es gibt viel zu lernen. Dieser Lernprozess nimmt Zeit in Anspruch. Darüber hinaus unterliegen die Märkte Schwankungen. Es gibt Phasen, in denen deine passiven Einnahmen steigen, und andere, in denen sie vielleicht stagnieren oder sogar sinken. Das ist ganz normal und gehört zum Wesen mancher passiven Einkommensquellen dazu. Egal, ob du ein Produkt verkaufst oder eine Dienstleistung anbietest, du musst zunächst eine Kundenbasis aufbauen. Das erfordert ebenfalls Zeit und Marketingaufwände.

Um stabile und gute passive Einkommensströme zu erzielen, musst du geduldig sein und langfristig denken. Erstelle dir also einen guten Plan und bringe eine große Menge an Ausdauer mit!

Praktische Strategien für passives Einkommen

Welche Wege gibt es, um passives Einkommen zu generieren? Lass uns gemeinsam die verschiedenen Möglichkeiten erkunden, um dein Geld für dich arbeiten zu lassen. Von Immobilien über Aktien bis hin zu digitalen Produkten – jede Quelle hat ihre eigenen Vor- und Nachteile. Finde heraus, welche Strategie am besten zu deinen Zielen und deiner Risikobereitschaft passt. Einige der kommenden Inhalte zu Aktien, ETFs und Immobilien werden sich dabei bewusst mit vorherigen Teilen überschneiden oder diese sinnvoll ergänzen, um dir ein umfassenderes Bild zu ermöglichen.

Passives Einkommen durch Investitionen

Schauen wir uns zunächst die verschiedenen Möglichkeiten an, durch Investitionen passives Einkommen zu erzielen.

Dividendenaktien

Wenn du dich mit dem Thema Investieren beschäftigst, wirst du früher oder später auf den Begriff „Dividendenaktien" stoßen. Doch was genau verbirgt sich dahinter? Vereinfacht gesagt, handelt es sich um Aktien von Unternehmen, die regelmäßig einen Teil ihres Gewinns an ihre Aktionäre ausschütten. Diese Ausschüttung wird als Dividende bezeichnet und erfolgt meist einmal im Jahr oder sogar quartalsweise. Für Anleger kann das eine interessante Möglichkeit sein, neben der potenziellen Wertsteigerung der Aktie auch ein regelmäßiges Einkommen zu generieren.

Warum Dividendenaktien eine spannende passive Einkommensquelle sein können

Dividendenaktien gelten als eine beliebte Anlageform, insbesondere bei langfristig orientierten Investoren. Wer regelmäßig in solche Aktien investiert, kann sich mit der Zeit ein zusätzliches finanzielles Polster schaffen. Gerade in Zeiten niedriger Zinsen suchen viele Anleger nach Alternativen zu klassischen Sparbüchern oder Tagesgeldkonten – Dividendenaktien können hier eine attraktive Option sein.

Ein weiterer Vorteil besteht darin, dass Dividendenaktien dir eine direkte Teilhabe am Unternehmenserfolg ermöglichen. Unternehmen, die regelmäßig Gewinne erwirtschaften und diese an ihre Aktionäre ausschütten, zeigen oft eine solide finanzielle Grundlage. Langfristig kann sich das nicht nur in Form stabiler Dividenden auszahlen, sondern auch in einem möglichen Kursanstieg der Aktie.

Zusätzlich bieten Dividendenaktien ein gewisses Maß an Stabilität. Viele Unternehmen, die eine langfristige Dividendenpolitik verfolgen, sind in etablierten Branchen tätig und verfügen über robuste Geschäftsmodelle. Diese Firmen legen Wert auf eine nachhaltige Geschäftsentwicklung, was für Anleger ein gewisses Maß an Sicherheit bedeuten kann.

Nicht zuletzt trägt die Investition in Dividendenaktien zur Diversifikation eines Portfolios bei. Wer sein Geld auf verschiedene Anlageklassen verteilt, kann das Risiko besser steuern. Während wachstumsstarke, aber spekulative Aktien oft stark schwanken, können Dividendenaktien eine stabilisierende Wirkung haben.

Mögliche Risiken und Nachteile von Dividendenaktien als passive Einkommensquelle

Trotz der vielen Vorteile sollten sich Anleger auch der potenziellen Nachteile bewusst sein. Ein häufiger Irrglaube ist, dass Dividenden eine garantierte Einkommensquelle sind. In Wahrheit hängt die Höhe der Dividende von der wirtschaftlichen Lage des Unternehmens ab. In wirtschaftlich schwierigen Zeiten kann es vorkommen, dass ein Unternehmen die Ausschüttung senkt oder sogar ganz aussetzt.

Zudem gibt es sogenannte Opportunitätskosten – das bedeutet, dass das in Dividendenaktien investierte Kapital nicht für andere Anlagemöglichkeiten zur Verfügung steht. In manchen Fällen könnten andere Investitionen höhere Renditen erzielen, sodass es sinnvoll sein kann, das Portfolio regelmäßig zu überprüfen.

Auch steuerliche Aspekte spielen eine Rolle. In den meisten Ländern sind Dividenden steuerpflichtig, sodass Anleger einen Teil ihrer Ausschüttungen an den Staat abführen müssen. Je nach individueller Steuerlage kann dies die tatsächliche Rendite beeinflussen.

Ein weiterer Punkt, den man nicht außer Acht lassen sollte, sind Kursschwankungen. Auch Dividendenaktien sind nicht davor gefeit, an Wert zu verlieren. Zwar gelten sie oft als stabiler als wachstumsorientierte

Aktien, doch Marktveränderungen, wirtschaftliche Entwicklungen oder unternehmensspezifische Probleme können sich auch hier negativ auf den Kurs auswirken.

Übersicht	**Dividendenaktien**
Vorteile	
Passives Einkommen	✓ Regelmäßige Ausschüttungen
Teilhabe am Unternehmenserfolg	✓ Solide Unternehmen mit stabiler Finanzlage
Stabilität	✓ Oft etablierte Branchen mit robusten Geschäftsmodellen
Diversifikation	✓ Stabilisierende Wirkung im Portfolio
Nachteile	
Keine Garantie	✗ Dividenden können gekürzt oder gestrichen werden
Opportunitätskosten	✗ Kapital ist anderweitig gebunden
Steuerliche Belastung	✗ Dividendenerträge sind steuerpflichtig
Kursrisiko	✗ Marktschwankungen trotz Dividendenstabilität

ETFs

Wenn du bewusst ein regelmäßiges Einkommen aus deinen ETF-Investitionen erzielen möchtest, solltest du dich mit ausschüttenden ETFs befassen. Diese Fonds schütten in regelmäßigen Abständen, oft quartalsweise oder jährlich, Erträge an die Anleger aus. Diese Erträge stammen beispielsweise aus Dividenden oder Zinserträgen der im ETF enthaltenen Unternehmen. Ausschüttende ETFs sind besonders interessant für Investoren, die sich ein zusätzliches Einkommen sichern wollen, sei es als Ergänzung zum Gehalt oder zur Altersvorsorge.

Falls du hingegen darauf aus bist, dein Vermögen über einen längeren Zeitraum zu maximieren, könnten thesaurierende ETFs für dich von Interesse sein. Bei dieser Variante werden die Erträge nicht ausgezahlt, sondern direkt wieder in den Fonds reinvestiert. Dadurch profitierst du vom Zinseszinseffekt, was langfristig zu einem schnelleren Wachstum deines investierten Kapitals führen kann. Diese Strategie eignet sich insbesondere für Anleger, die nicht auf sofortige Ausschüttungen angewiesen sind und ihr Kapital über viele Jahre vermehren möchten.

Warum ETFs eine spannende passive Einkommensquelle sein können

Ein wesentlicher Vorteil von ETFs liegt in ihrer breiten Streuung. Da ein einzelner ETF oft Hunderte oder sogar Tausende von Unternehmen umfasst, wird das Risiko im Vergleich zu Einzelaktien deutlich reduziert. Selbst wenn einige der enthaltenen Unternehmen schwächere Phasen durchlaufen, kann die Gesamtperformance des ETFs stabil bleiben.

Auch im Hinblick auf Kosten sind ETFs attraktiv. Im Vergleich zu aktiv gemanagten Fonds sind sie in der Regel deutlich günstiger, da sie einfach einen Index nachbilden und nicht von einem Fondsmanager aktiv gesteuert werden müssen. Dadurch fallen geringere Verwaltungsgebühren an, was langfristig zu einer höheren Rendite führen kann.

Ein weiterer Pluspunkt ist die Transparenz. Als Anleger weißt du genau, welche Unternehmen in deinem ETF enthalten sind, da diese Informationen öffentlich zugänglich sind. Dies erleichtert es, fundierte Entscheidungen zu treffen und einen Überblick über die eigenen Investitionen zu behalten.

ETFs bieten zudem eine hohe Flexibilität, da sie genauso wie Aktien an der Börse gehandelt werden können. Das bedeutet, dass du sie jederzeit kaufen oder verkaufen kannst, wenn du dein Portfolio anpassen oder auf Marktveränderungen reagieren möchtest.

Für Anleger, die ein regelmäßiges Einkommen erzielen möchten, sind die Ausschüttungen vieler ETFs besonders attraktiv. Ähnlich wie bei Dividendenaktien zahlen einige ETFs in bestimmten Intervallen einen Teil der Erträge aus. Diese Ausschüttungen können eine zusätzliche Einnahmequelle darstellen, ohne dass du Anteile verkaufen musst.

Zusätzlich lassen sich ETFs hervorragend automatisieren. Viele Banken und Broker bieten ETF-Sparpläne an, bei denen du regelmäßig kleinere Beträge investierst, ohne dich aktiv darum kümmern zu müssen. Das erleichtert den langfristigen Vermögensaufbau und ist eine bequeme Möglichkeit, diszipliniert zu investieren.

Mögliche Nachteile und Risiken von ETFs als passive Einkommensquelle

Trotz der zahlreichen Vorteile gibt es auch einige Aspekte, die du bei der Investition in ETFs beachten solltest. Einer der größten Nachteile besteht darin, dass du keine individuelle Auswahl treffen kannst. Während du bei Einzelaktien gezielt Unternehmen auswählen kannst, bist du bei einem ETF an die Zusammensetzung des jeweiligen Index gebunden. Dies bedeutet, dass du auch Anteile an Unternehmen hältst, die du vielleicht nicht in deinem Portfolio haben möchtest.

Ein weiteres Risiko besteht in der starken Abhängigkeit von der Marktentwicklung. Da ETFs einen bestimmten Index nachbilden, folgen sie dessen Schwankungen. Wenn der Markt eine negative Phase durchläuft, wird sich das auch auf den ETF auswirken. Anleger sollten sich also bewusst sein, dass auch ETFs an Wert verlieren können.

Zwar sind ETFs kostengünstig, doch ganz ohne Gebühren geht es nicht. Die sogenannten Verwaltungskosten, meist als Total Expense Ratio (TER) angegeben, können je nach ETF variieren. Auch wenn diese Kosten im Vergleich zu aktiv gemanagten Fonds niedriger sind, solltest du sie bei der Auswahl berücksichtigen.

Letztlich gibt es auch bei ETFs keine Garantie auf Erfolg. Die Wertentwicklung hängt von verschiedenen Faktoren ab, darunter die wirtschaftliche Lage, politische Ereignisse oder Branchentrends. Ein ETF kann eine attraktive Möglichkeit sein, ein passives Einkommen aufzubauen, doch wie bei jeder Anlageform gibt es Risiken, die du sorgfältig abwägen solltest.

Übersicht	**ETFs**
Vorteile	
Breite Diversifikation	✓ Risikostreuung über viele Unternehmen
Niedrige Kosten	✓ Geringere Gebühren als aktive Fonds (niedrige TER)
Hohe Transparenz	✓ Klare Indexnachbildung (Inhalte einsehbar)
Flexibilität	✓ Jederzeit handelbar wie Aktien
Passive Einkommensoption	✓ Ausschüttende Varianten verfügbar

Automatisierbar	✓	ETF-Sparpläne möglich
Nachteile		
Keine Einzelauswahl	✗	An Index gebunden (inkl. schwacher Werte)
Marktabhängigkeit	✗	Folgt Indexschwankungen 1:1
Laufende Kosten	✗	TER-Gebühren (wenn auch gering)
Keine Erfolgsgarantie	✗	Wirtschaftliche Risiken wie bei allen Anlagen

Immobilien

Immobilien gehören seit Jahrhunderten zu den beliebtesten Anlageformen für Menschen, die ein langfristiges, passives Einkommen aufbauen möchten. Es gibt verschiedene Möglichkeiten, mit Immobilien Geld zu verdienen.

Der direkte Kauf und die anschließende Vermietung einer Immobilie sind wohl die bekanntesten und häufigsten Formen, um mit Immobilien ein passives Einkommen zu erzielen. Indem du eine Immobilie erwirbst und an Mieter weitergibst, kannst du regelmäßige Mieteinnahmen generieren, die als stabile Einnahmequelle dienen können. Dabei profitierst du nicht nur von den monatlichen Zahlungen der Mieter, sondern auch von möglichen Wertsteigerungen der Immobilie über die Jahre hinweg. Insbesondere in gefragten Lagen können Immobilienpreise langfristig steigen, was dir zusätzliche Gewinne beim späteren Verkauf einbringen kann.

Warum Immobilien eine spannende passive Einkommensquelle sein können

Ein entscheidender Vorteil von Immobilien liegt in ihrem greifbaren, physischen Wert. Während Aktien oder Fondsanteile lediglich auf Papier oder in digitalen Depots existieren, besitzt du mit einer Immobilie einen realen Vermögenswert, der selbst in wirtschaftlich turbulenten Zeiten bestehen bleibt. Dieser Sachwert kann zudem im Laufe der Jahre an Wert gewinnen, was Immobilien zu einer attraktiven Anlageform für Investoren macht, die auf langfristige Sicherheit setzen.

Darüber hinaus bieten Immobilien eine vergleichsweise stabile Einnahmequelle. Mieteinnahmen fließen in der Regel monatlich und können eine zuverlässige finanzielle Grundlage für Investoren schaffen. Gerade in Ballungszentren mit hoher Nachfrage nach Wohnraum kann die Vermietung langfristig eine lohnende Einnahmequelle sein.

Ein weiterer Vorteil ergibt sich aus der sogenannten Hebelwirkung. Durch eine Immobilienfinanzierung kannst du mit einem vergleichsweise geringen Eigenkapital eine wertvolle Immobilie erwerben. Banken finanzieren oft einen Großteil des Kaufpreises, sodass du dein Kapital gezielt einsetzen und größere Immobilieninvestitionen tätigen kannst, als es mit Eigenkapital allein möglich wäre. Falls der Wert der Immobilie im Laufe der Zeit steigt, profitierst du doppelt – durch die Wertsteigerung und die kontinuierlichen Mieteinnahmen.

Mögliche Nachteile und Risiken von Immobilien als passive Einkommensquelle

Trotz ihrer vielen Vorteile sind Immobilien keine risikofreie Anlage. Einer der größten Nachteile ist der hohe Kapitaleinsatz, der für den Kauf einer Immobilie erforderlich ist. Anders als bei Aktien oder ETFs, die du bereits mit kleinen Beträgen kaufen kannst, erfordert eine Immobilie in der Regel eine hohe Anfangsinvestition. Neben dem Kaufpreis fallen oft zusätzliche Kosten für Notare, Grundbucheinträge, Maklergebühren und eventuelle Renovierungen an, die das benötigte Startkapital weiter erhöhen.

Auch der Zeitaufwand für die Verwaltung einer Immobilie kann unterschätzt werden. Während Mieteinnahmen passiv wirken, erfordert die Vermietung einer Immobilie dennoch eine aktive Betreuung. Mietverträge müssen aufgesetzt, Mieterwechsel organisiert und mögliche Instandhaltungsarbeiten durchgeführt werden. Falls Mieter ihre Zahlungen verzögern oder gar ausfallen lassen, kann dies finanzielle Engpässe verursachen und zusätzlichen Verwaltungsaufwand bedeuten.

In der regionalen Abhängigkeit des Immobilienmarktes liegt ein weiteres, oft unterschätztes Risiko. Während Immobilien in boomenden Städten und Ballungszentren oft eine hohe Nachfrage genießen, kann es in strukturschwachen Regionen schwierig sein, dauerhaft zuverlässige Mieter zu finden. Ein längerer Leerstand bedeutet nicht nur ausbleibende Mieteinnahmen, sondern verursacht gleichzeitig laufende Kosten für Unterhalt, Kredite und Steuern. Investoren sollten sich deshalb gründlich mit dem

Standort einer Immobilie auseinandersetzen und die Marktentwicklung sorgfältig analysieren.

Übersicht	Immobilien
Vorteile	
Physischer Sachwert	✓ Greifbare, stabile Anlage
Regelmäßige Mieteinnahmen	✓ Passive Cashflows durch Vermietung
Wertsteigerungs-potenzial	✓ Langfristige Preissteigerungen möglich
Hebelwirkung	✓ Höhere Investitionskraft durch Fremdkapital
Inflationsschutz	✓ Mieten und Werte steigen oft mit Inflation
Nachteile	
Hoher Kapitaleinsatz	✗ Erhebliche Eigenmittel nötig
Laufende Kosten	✗ Instandhaltung, Steuern, Versicherung
Administrativer Aufwand	✗ Mieterbetreuung
Illiquidität	✗ Langsamer Verkaufsprozess
Standortrisiko	✗ Abhängig von regionaler Nachfrage

Eine weitere Möglichkeit, in Immobilien zu investieren, ist das **Crowdfunding**. Immobilien-Crowdfunding bietet eine moderne Möglichkeit, sich mit geringem Kapitaleinsatz an Immobilienprojekten zu beteiligen. Anstatt eine Immobilie selbst zu kaufen, investierst du gemeinsam mit vielen anderen Anlegern in Bau- oder Renovierungsprojekte, die von professionellen Entwicklern verwaltet werden. Diese Art der Investition kann eine interessante Alternative für Anleger sein, die von den Vorteilen des Immobilienmarktes profitieren möchten, ohne eine eigene Immobilie besitzen zu müssen.

Warum Immobilien-Crowdfunding eine spannende passive Einkommensquelle sein können

Ein großer Vorteil von Immobilien-Crowdfunding ist der geringe Kapitaleinsatz. Im Gegensatz zum Kauf einer Immobilie, der oft eine hohe Anfangsinvestition erfordert, kannst du hier bereits mit kleinen Beträgen einsteigen. Dadurch wird es auch Kleinanlegern möglich, vom Immobilienmarkt zu profitieren.

Zusätzlich bietet Immobilien-Crowdfunding eine Möglichkeit zur Diversifikation. Da dein Kapital oft auf mehrere Projekte verteilt wird, kannst du dein Risiko breiter streuen als bei einer einzelnen Immobilieninvestition. Falls ein Projekt scheitert, können andere erfolgreiche Investitionen mögliche Verluste ausgleichen.

Vorteilhaft ist auch die professionelle Verwaltung der Projekte. Die Immobilien werden von erfahrenen Entwicklern betreut, sodass du dich nicht um Vermietung, Instandhaltung oder andere Verwaltungsaufgaben kümmern musst.

Mögliche Nachteile und Risiken von Immobilien-Crowdfunding als passive Einkommensquelle

Trotz der attraktiven Vorteile ist Immobilien-Crowdfunding nicht ohne Risiken. Da viele Projekte sich noch in der Planungs- oder Bauphase befinden, kann es zu Verzögerungen oder finanziellen Schwierigkeiten kommen, was dein Investment gefährden könnte.

Zudem ist dein Kapital für einen bestimmten Zeitraum gebunden, da Immobilienprojekte oft Jahre dauern. Anders als bei Aktien oder ETFs kannst du dein investiertes Geld nicht jederzeit wieder abziehen, was die Flexibilität einschränkt.

Auch Transparenz kann ein Nachteil sein. Nicht alle Immobilien-Crowdfunding-Plattformen bieten detaillierte Einblicke in ihre Projekte, sodass es schwierig sein kann, fundierte Entscheidungen zu treffen. Anleger sollten sich daher genau über die Plattform und die angebotenen Projekte informieren, bevor sie investieren.

Übersicht	Immobilien-Crowdfunding
Vorteile	
Geringer Kapitaleinsatz	✓ Schon mit kleinen Beträgen investierbar
Diversifikation	✓ Streuung über mehrere Projekte möglich
Professionelle Verwaltung	✓ Kein eigener Verwaltungsaufwand nötig
Nachteile	
Projektrisiko	✗ Bauverzögerungen oder finanzielle Probleme möglich
Kapitalbindung	✗ Geld ist für längere Zeit gebunden
Begrenzte Transparenz	✗ Nicht alle Plattformen bieten vollständige Einblicke

Neben den beiden genannten Möglichkeiten kann man noch über **REITs** (Real Estate Investment Trusts) in Immobilien investieren. REITs sind börsennotierte Unternehmen, die in Immobilien investieren und die erzielten Erträge in Form von Dividenden an ihre Aktionäre ausschütten.

Warum REITs eine spannende passive Einkommensquelle sein können

Ein großer Vorteil von REITs ist ihre hohe Liquidität. Liquidität bedeutet hier, dass eine Investition schnell oder einfach in Bargeld umgewandelt werden kann. Anders als bei klassischen Immobilieninvestitionen kannst du REITs jederzeit an der Börse kaufen oder verkaufen, ähnlich wie Aktien. Dadurch bleibst du flexibel und kannst schnell auf Marktveränderungen reagieren.

Zudem werden REITs von erfahrenen Immobilienexperten verwaltet. Du musst dich nicht um den Kauf, die Vermietung oder Instandhaltung von Immobilien kümmern, da diese Aufgaben von professionellen Managern übernommen werden. Ein weiterer Vorteil ist die breite Diversifikation. REITs investieren in verschiedene Immobilienarten wie Wohnhäuser, Bürogebäude oder Einkaufszentren, sodass dein Investment auf viele Objekte verteilt ist. Dadurch kann das Risiko im Vergleich zu einer Einzelimmobilie verringert werden.

Mögliche Nachteile und Risiken von REITs als passive Einkommensquelle

Trotz ihrer Vorteile sind REITs nicht frei von Risiken. Da sie an der Börse gehandelt werden, können ihre Kurse stark schwanken – insbesondere in wirtschaftlich unsicheren Zeiten. Anleger sollten sich bewusst sein, dass auch REITs von Marktschwankungen betroffen sind.

Zusätzlich gibt es steuerliche Aspekte zu beachten. Die Besteuerung von REIT-Dividenden kann je nach Land und persönlicher Situation unterschiedlich ausfallen und mit zusätzlichen Abgaben oder Regelungen verbunden sein. Daher lohnt es sich, sich im Vorfeld über die steuerlichen Bedingungen zu informieren.

Übersicht	REITs
Vorteile	
Hohe Liquidität	✓ Jederzeit börslich handelbar wie Aktien
Professionelles Management	✓ Kein eigener Verwaltungsaufwand nötig
Breite Diversifikation	✓ Investition in verschiedene Immobilientypen
Nachteile	
Marktvolatilität	✗ Kursschwankungen wie bei Aktien
Steuerliche Komplexität	✗ Unterschiedliche Besteuerung von Dividenden

Peer-to-Peer-Kredite

Peer-to-Peer-Kredite (P2P-Kredite) bieten eine moderne Alternative zu klassischen Sparanlagen und ermöglichen es Anlegern, ihr Geld direkt an Privatpersonen oder Unternehmen zu verleihen. Anstatt Kapital auf einem herkömmlichen Sparkonto mit niedrigen Zinsen zu parken, kannst du über spezielle Online-Plattformen in Kredite investieren und dabei attraktive Renditen erzielen.

Das Prinzip ist einfach: Dein investiertes Kapital wird in kleinere Beträge aufgeteilt und auf verschiedene Kreditnehmer verteilt. Diese Kreditnehmer benötigen das Geld beispielsweise für Konsumausgaben, Unternehmensfinanzierungen oder andere persönliche Projekte. Im Gegenzug zahlen sie Zinsen auf das geliehene Kapital, die für dich als Anleger eine regelmäßige Einnahmequelle darstellen. Je nach Plattform und Kreditart kannst du unterschiedliche Risikoprofile wählen und so deine Strategie individuell anpassen.

Warum P2P-Kredite eine spannende passive Einkommensquelle sein können

Ein entscheidender Vorteil von P2P-Krediten sind die oft höheren Renditen im Vergleich zu traditionellen Anlageformen wie Tagesgeld oder Festgeld. Da die Kreditvergabe ohne die klassische Bank als Zwischenhändler erfolgt, können Investoren von besseren Zinssätzen profitieren.

Ein weiterer Vorteil ist die Möglichkeit der Diversifikation. Dein investiertes Kapital wird meist auf viele verschiedene Kredite verteilt, sodass ein Zahlungsausfall einzelner Kreditnehmer weniger stark ins Gewicht fällt. Dies reduziert das Gesamtrisiko deines Portfolios.

Zusätzlich bieten viele P2P-Plattformen eine hohe Flexibilität. Bereits mit kleinen Beträgen kannst du einsteigen und dein Portfolio schrittweise ausbauen. Zudem kannst du oft selbst entscheiden, in welche Kreditarten du investieren möchtest. Manche Plattformen ermöglichen sogar den Verkauf von Krediten auf einem Zweitmarkt, wodurch du deine Investments vorzeitig wieder in Bargeld umwandeln kannst.

Mögliche Nachteile und Risiken von P2P-Krediten als passive Einkommensquelle

Trotz der attraktiven Renditemöglichkeiten bergen P2P-Kredite auch Risiken. Das größte Risiko besteht im möglichen Zahlungsausfall von Kreditnehmern. Falls ein Kreditnehmer seinen Verpflichtungen nicht nachkommt, kann es sein, dass du dein investiertes Kapital ganz oder teilweise verlierst – insbesondere bei Krediten ohne zusätzliche Sicherheiten.

Zudem sind P2P-Investitionen oft weniger liquide als etwa Aktien oder ETFs. Dein Geld ist für die Laufzeit der Kredite gebunden, was bedeutet, dass du es nicht jederzeit abrufen kannst. Falls du dein Investment vorzeitig beenden möchtest, bist du darauf angewiesen, dass die Plattform einen Zweitmarkt anbietet oder Käufer für deine Kredite findet.

Ein weiterer Punkt ist die regulatorische Unsicherheit. Da P2P-Kredite eine vergleichsweise neue Anlageform sind, können sich gesetzliche Rahmenbedingungen noch ändern. Je nach Plattform und Land gelten unterschiedliche Vorschriften, die sich auf deine Investition auswirken können. Daher solltest du dich im Vorfeld genau über die jeweilige Plattform und deren rechtliche Absicherung informieren.

Übersicht	Peer-to-Peer-Kredite
Vorteile	
Hohe Renditechancen	✓ Oft bessere Zinsen als klassische Sparprodukte
Diversifikation	✓ Streuung über viele Kredite möglich
Flexibler Einstieg	✓ Schon mit kleinen Beträgen investierbar
Nachteile	
Ausfallrisiko	✗ Möglichkeit von Kreditausfällen
Geringe Liquidität	✗ Kapital meist für Kreditlaufzeit gebunden
Regulatorische Unsicherheit	✗ Rechtlicher Rahmen noch im Wandel

Passives Einkommen durch Online-Geschäfte

Werfen wir nun einen Blick auf die Möglichkeiten, mit Online-Geschäften passives Einkommen aufzubauen.

E-Books und Online-Kurse

Wenn du über Fachwissen in einem bestimmten Bereich verfügst oder eine besondere Fähigkeit hast, die andere gerne erlernen möchten, bieten sich E-Books und Online-Kurse als attraktive Möglichkeiten an, ein passives Einkommen zu generieren. Durch die Erstellung und den Verkauf digitaler Produkte kannst du deine Expertise monetarisieren, ohne dass du ständig aktiv arbeiten musst. Ein einmal erstelltes E-Book oder ein Online-Kurs können unbegrenzt oft verkauft werden und dir über lange Zeit hinweg Einnahmen bringen.

E-Books eignen sich besonders gut für die Vermittlung von Wissen in schriftlicher Form. Sie können als kompakte Ratgeber, ausführliche Fachbücher oder praktische Anleitungen gestaltet werden. Online-Kurse hingegen bieten eine interaktivere Lernmöglichkeit, da sie oft aus Videos, Arbeitsblättern oder Quiz bestehen. Dadurch können auch komplexe Themen verständlich vermittelt werden.

Warum E-Books und Online-Kurse eine spannende passive Einkommensquelle sein können

Ein großer Vorteil dieser digitalen Produkte ist die globale Reichweite. Da das Internet keine geografischen Grenzen kennt, kannst du dein Wissen weltweit verkaufen. Egal, wo sich deine Kunden befinden – sie können dein E-Book oder deinen Kurs jederzeit erwerben und nutzen.

Zudem genießt du eine hohe Flexibilität. Du bestimmst selbst, wann und wie du dein Produkt erstellst, wie oft du es aktualisierst und in welchem Umfang du es anbietest. Dies ermöglicht es dir, dein Einkommen nach deinen eigenen Vorstellungen zu gestalten.

Ein weiterer Pluspunkt ist die Skalierbarkeit. Während physische Produkte oft mit steigenden Produktionskosten verbunden sind, kannst du ein digitales Produkt unbegrenzt oft verkaufen, ohne dass zusätzliche Kosten anfallen. Das bedeutet, dass du mit einmaligem Aufwand langfristig Einnahmen erzielen kannst.

Zudem sind die Startkosten äußerst gering. Im Vergleich zu anderen Geschäftsmodellen benötigst du keine teuren Materialien oder Lagerflächen. Die einzigen Investitionen bestehen in der Erstellung des Produkts, was meist nur Zeit und gegebenenfalls geringe Softwarekosten oder Tools erfordert.

Mögliche Nachteile und Risiken von E-Books und Online-Kursen als passive Einkommensquelle

Trotz der vielen Vorteile gibt es auch Herausforderungen. Eine der größten ist die Marktdurchdringung. Da der Markt für digitale Produkte stark umkämpft ist, musst du eine klare Nische finden und dich von der Konkurrenz abheben, um erfolgreich zu sein.

Zudem ist ein gezieltes Marketing unerlässlich. Selbst das beste E-Book oder der hochwertigste Online-Kurs werden sich nicht von selbst verkaufen. Du musst Zeit und möglicherweise Geld in Werbung, Social Media oder Suchmaschinenoptimierung investieren, um potenzielle Kunden zu erreichen.

Auch technische Kenntnisse sind von Vorteil. Die Erstellung von Online-Kursen erfordert oft den Umgang mit Videoschnittprogrammen, Plattformen für den Kursverkauf oder E-Book-Formaten. Zwar gibt es viele benutzerfreundliche Tools, doch eine gewisse Einarbeitung ist notwendig.

Schließlich darf die Kundenbetreuung nicht unterschätzt werden. Auch wenn es sich um digitale Produkte handelt, können Käufer Fragen haben oder Unterstützung benötigen. Ein guter Kundenservice kann den langfristigen Erfolg deines Angebots beeinflussen.

Übersicht	**E-Books & Online-Kurse**
Vorteile	
Globale Reichweite	✓ Weltweiter Verkauf möglich
Hohe Flexibilität	✓ Eigene Zeiteinteilung & Produktgestaltung
Skalierbarkeit	✓ Unbegrenzte Verkäufe ohne Mehrkosten
Geringe Startkosten	✓ Keine physischen Produktionskosten
Nachteile	
Hohe Konkurrenz	✗ Starker Wettbewerb in vielen Nischen
Marketingaufwand	✗ Aktive Bewerbung notwendig
Technische Anforderungen	✗ Grundkenntnisse in Erstellung und Vertrieb nötig
Kundenbetreuung	✗ Unterstützung kann zeitaufwendig sein

Dropshipping

Viele Menschen träumen davon, einen eigenen Online-Shop zu betreiben, aber die Vorstellung, große Mengen an Waren selbst lagern und versenden zu müssen, kann abschreckend wirken. Genau hier setzt das flexible Geschäftsmodell des Dropshipping an. Es ermöglicht dir, Produkte zu verkaufen, ohne diese selbst vorrätig zu haben. Stattdessen arbeitet dein Shop mit einem Lieferanten zusammen, der die Bestellungen direkt an deine Kunden verschickt. Dadurch entfallen für dich die Lagerhaltung und der Versand, sodass du dein Geschäft ortsunabhängig und effizient steuern kannst.

Der Einstieg ins Dropshipping beginnt mit der Auswahl eines passenden Produktsortiments. Das können unter anderem modische Accessoires, innovative Gadgets oder Nischenprodukte sein. Anschließend suchst du nach einem zuverlässigen Lieferanten, der die Artikel direkt an deine Kunden verschickt. Nachdem du deinen Online-Shop eingerichtet und die Produkte ansprechend präsentiert hast, kannst du mit dem Verkauf starten. Sobald eine Bestellung eingeht, leitest du sie an den Lieferanten weiter, der sich um Verpackung und Versand kümmert. So kannst du dich voll auf Marketing und Kundenakquise konzentrieren.

Warum Dropshipping eine spannende passive Einkommensquelle sein kann

Ein großer Vorteil des Dropshipping ist, dass die Startkosten gering sind. Da du keine eigenen Waren einkaufen oder lagern musst, entfällt eine hohe Anfangsinvestition. Stattdessen zahlst du erst dann für ein Produkt, wenn ein Kunde es bestellt.

Zudem bietet Dropshipping eine hohe Flexibilität. Du kannst dein Sortiment jederzeit anpassen und neue Produkte hinzufügen, ohne dich um Lagerbestände kümmern zu müssen. Dadurch kannst du Trends schnell aufgreifen und dein Angebot optimieren.

Auch der Einstieg ist relativ einfach, da keine tiefgehenden technischen oder logistischen Kenntnisse erforderlich sind. Viele Plattformen wie *Shopify* oder *WooCommerce* bieten benutzerfreundliche Lösungen, mit denen du deinen Shop in kurzer Zeit aufbauen kannst.

Mögliche Nachteile und Risiken von Dropshipping als passive Einkommensquelle

Trotz der Vorteile gibt es auch Herausforderungen. Eine davon ist die geringe Gewinnspanne. Da du einen Lieferanten einbindest, fallen zusätzliche Kosten an, was deine Margen reduziert. Um profitabel zu bleiben, ist eine gute Preisstrategie entscheidend.

Zudem hast du weniger Kontrolle über die Produktqualität und die Lieferzeiten. Wenn ein Lieferant langsam liefert oder fehlerhafte Ware verschickt, fällt das auf dich als Händler zurück, obwohl du den Versand nicht selbst durchführst.

Ein weiterer Nachteil ist der hohe Wettbewerb. Dropshipping ist inzwischen weitverbreitet, und viele Märkte sind gesättigt. Erfolgreiche Händler setzen daher auf gezieltes Marketing und besondere Nischenprodukte, um sich von der Konkurrenz abzuheben.

Schließlich kann die Kundenbetreuung herausfordernd sein. Wenn es Probleme mit Lieferungen oder Rücksendungen gibt, musst du dich oft mit dem Lieferanten abstimmen, was zusätzliche Zeit und Mühe erfordert. Eine klare Kommunikation mit deinen Kunden ist daher essenziell.

Übersicht	**Dropshipping**
Vorteile	
Geringe Startkosten	✓ Keine Lagerhaltung & Vorfinanzierung
Hohe Flexibilität	✓ Sortiment leicht anpassbar
Einfacher Einstieg	✓ Nutzerfreundliche Plattformen (*Shopify, WooCommerce*)
Nachteile	
Geringe Gewinnspanne	✗ Zusätzliche Kosten durch Lieferanten
Qualitätskontrolle	✗ Abhängig von Lieferanten (Fehler fallen auf dich zurück)
Hoher Wettbewerb	✗ Gesättigte Märkte in vielen Nischen
Kundenbetreuung	✗ Aufwendige Abstimmung bei Problemen

Affiliate-Marketing

Beim Affiliate-Marketing agierst du als Vermittler zwischen Unternehmen und potenziellen Käufern. Ein „Affiliate" ist jemand, der Produkte oder Dienstleistungen von anderen Unternehmen empfiehlt und dafür eine Provision bekommt, wenn jemand über einen sogenannten Affiliate-Link etwas kauft. Je mehr Menschen den Empfehlungen folgen und über den speziellen Affiliate-Link einkaufen, desto höher fällt der Verdienst aus.

Viele Affiliates verfolgen das Ziel, sich eine passive Einkommensquelle aufzubauen. Wenn ein gut platzierter Affiliate-Link erst einmal in einem Blogbeitrag, einem *YouTube*-Video oder auf einer anderen Plattform eingebunden ist, kann er langfristig Einnahmen generieren – selbst dann, wenn du gerade keine aktive Werbung machst. Allerdings erfordert der Aufbau eines erfolgreichen Affiliate-Geschäfts Zeit und Geduld, denn es reicht nicht aus, einfach nur Links zu teilen. Erfolgreiche Affiliates bauen Vertrauen zu ihrer Zielgruppe auf und bieten echten Mehrwert.

Warum Affiliate-Marketing eine spannende passive Einkommensquelle sein kann

Ein entscheidender Vorteil ist die niedrige Einstiegshürde. Du brauchst keine eigenen Produkte zu entwickeln oder Lagerbestände zu verwalten. Stattdessen nutzt du bereits bestehende Produkte und verdienst an deren Verkauf mit.

Auch die flexiblen Arbeitszeiten machen Affiliate-Marketing attraktiv. Du kannst es neben deinem Hauptberuf oder in deiner Freizeit betreiben, ohne an feste Arbeitszeiten gebunden zu sein.

Ein weiterer Vorteil ist die globale Reichweite. Das Internet ermöglicht es dir, Kunden auf der ganzen Welt zu erreichen. Wenn du Inhalte auf Englisch oder in anderen weitverbreiteten Sprachen erstellst, kannst du deine Zielgruppe sogar noch vergrößern.

Zudem bietet Affiliate-Marketing vielfältige Möglichkeiten. Es gibt unzählige Produkte und Dienstleistungen in nahezu jeder Branche, für die du als Affiliate tätig werden kannst. Von Mode und Technik bis hin zu Finanzdienstleistungen oder Software – du kannst Nischen finden, die genau zu deinen Interessen und Kenntnissen passen.

Mögliche Nachteile und Risiken von Affiliate-Marketing als passive Einkommensquelle

Trotz der vielen Vorteile gibt es auch Herausforderungen. Eine davon ist der hohe Wettbewerb. Viele Menschen betreiben Affiliate-Marketing, sodass es in beliebten Nischen schwer sein kann, sich gegen die Konkurrenz durchzusetzen.

Zudem gibt es keine Erfolgsgarantie. Dein Verdienst hängt stark davon ab, ob du die richtigen Produkte auswählst und sie effektiv bewirbst. Wenn du es nicht schaffst, eine treue Community aufzubauen oder die passenden Kanäle für deine Zielgruppe zu nutzen, könnten deine Einnahmen gering bleiben.

Ein weiterer Nachteil ist das Risiko eines Imageverlusts. Wenn du Produkte bewirbst, die nicht halten, was sie versprechen, kann das dein Ansehen bei deiner Zielgruppe schädigen. Langfristig ist es daher wichtig, nur Produkte zu empfehlen, von denen du wirklich überzeugt bist.

Übersicht	**Affiliate-Marketing**
Vorteile	
Niedrige Einstiegshürde	✓ Keine eigenen Produkte/Lager nötig
Flexible Arbeitszeiten	✓ Orts- & zeitunabhängig umsetzbar
Globale Reichweite	✓ Potenziell weltweite Zielgruppe
Vielfältige Möglichkeiten	✓ Passend zu fast jeder Nische/Branche
Nachteile	
Hoher Wettbewerb	✗ Beliebte Nischen oft gesättigt
Keine Erfolgsgarantie	✗ Einkommen abhängig von Marketing-Skills
Image-Risiko	✗ Schlechte Produkte schaden Glaubwürdigkeit

Digitale Produkte

Hast du eine Leidenschaft für Grafikdesign, Musikproduktion oder Softwareentwicklung? Dann könnte der Verkauf digitaler Produkte eine lukrative Möglichkeit sein, mit deinem Talent Geld zu verdienen. Digitale Produkte sind immateriell, das heißt, sie existieren nur in digitaler Form und können online verkauft und heruntergeladen werden. Dazu zählen etwa Software-Programme, Apps oder Plug-ins, aber auch Fotos, Illustrationen, Musikstücke oder Soundeffekte.

Der größte Vorteil dieses Geschäftsmodells ist die Skalierbarkeit. Einmal erstellt, kann ein digitales Produkt unbegrenzt oft verkauft werden, ohne dass zusätzliche Produktionskosten entstehen. Das bedeutet, dass du mit einer einzigen kreativen Arbeit langfristig Einnahmen generieren kannst. Sobald dein Produkt online ist, kannst du dich auf das Marketing konzentrieren oder weitere Produkte entwickeln, um dein passives Einkommen zu steigern.

Warum digitale Produkte eine spannende passive Einkommensquelle sein können

Ein großer Pluspunkt ist die globale Reichweite. Das Internet ermöglicht es dir, deine Produkte weltweit anzubieten, ohne an physische Vertriebskanäle gebunden zu sein. Egal, ob in Deutschland, den USA oder Japan – potenzielle Kunden können von überall aus auf dein Angebot zugreifen.

Auch die geringen Produktionskosten machen digitale Produkte attraktiv. In der Regel benötigst du nur einen Computer, die passende Software und dein Wissen oder deine Kreativität. Im Vergleich zu physischen Produkten entfallen Lager- und Versandkosten vollständig.

Zudem bieten digitale Produkte eine hohe Flexibilität. Du kannst deine Produkte jederzeit überarbeiten, aktualisieren oder erweitern. Das ermöglicht es dir, dein Angebot an neue Trends und Kundenwünsche anzupassen, ohne große Investitionen tätigen zu müssen.

Mögliche Nachteile und Risiken von digitalen Produkten als passive Einkommensquelle

Ein wesentlicher Nachteil ist der hohe Wettbewerb. Der Markt für digitale Produkte ist stark umkämpft, da viele Kreative ihre Werke online verkaufen. Um erfolgreich zu sein, musst du dich von der Konkurrenz abheben und ein einzigartiges Produkt oder eine clevere Marketingstrategie entwickeln.

Ein weiteres Problem ist der Schutz vor Kopien. Digitale Produkte lassen sich oft leicht kopieren und weiterverbreiten. Es kann schwierig sein, deine Inhalte effektiv vor unerlaubter Nutzung oder Weitergabe zu schützen.

Nicht zu unterschätzen ist auch der Marketingaufwand. Ein großartiges Produkt allein reicht nicht aus – du musst es auch sichtbar machen. Dazu gehören gezielte Werbemaßnahmen, eine ansprechende Produktpräsentation und möglicherweise der Aufbau einer Community, um langfristig Kunden zu gewinnen.

Übersicht	Digitale Produkte
Vorteile	
Skalierbarkeit	✓ Einmalige Erstellung, unbegrenzte Verkäufe
Globale Reichweite	✓ Weltweiter Verkauf möglich
Geringe Produktionskosten	✓ Keine Lager- oder Versandkosten
Hohe Flexibilität	✓ Leichte Updates & Anpassungen
Nachteile	
Hoher Wettbewerb	✗ Viele Anbieter in gleichen Nischen
Kopierschutz-Risiko	✗ Unerlaubte Vervielfältigung möglich
Marketingaufwand	✗ Sichtbarkeit muss aktiv aufgebaut werden

Passives Einkommen durch Vermietung und Lizenzierung

Als Nächstes betrachten wir die unterschiedlichen Wege, passives Einkommen über Vermietung und Lizenzierung zu generieren.

Vermiete dein Eigentum oder deine Fähigkeiten

Hast du schon einmal darüber nachgedacht, dass du mehr aus deinen Besitztümern oder Fähigkeiten herausholen könntest? Neben der klassischen Vermietung von Wohnraum gibt es viele weitere Möglichkeiten, deine Ressourcen gewinnbringend zu nutzen. Eine davon ist die Vermietung von Gegenständen oder Fähigkeiten, die du besitzt, aber nicht immer benötigst.

Ein Beispiel dafür ist, dein Auto über Carsharing-Dienste anzubieten. Wenn du dein Auto nicht ständig benötigst, kannst du es anderen zur Verfügung stellen und so zusätzliches Einkommen erzielen. Auch Werkzeuge oder spezialisierte Ausstattungen, die nur für bestimmte Projekte erforderlich sind, können an Heimwerker oder Profis vermietet werden.

Außerdem kannst du deine Fähigkeiten und dein Wissen ebenfalls zur Einkommensquelle machen. Bist du besonders talentiert in einem bestimmten Bereich, kannst du dein Wissen als Mentor, Coach oder Berater weitergeben und andere Menschen auf ihrem Weg unterstützen. So lässt sich nicht nur deine Expertise monetarisieren, sondern du kannst auch Menschen helfen, ihre eigenen Ziele zu erreichen.

Diese Art der Vermietung bietet ein erhebliches Potenzial für passives Einkommen. Je besser du deine Vermietung organisierst und automatisierst, desto weniger Zeit musst du aufwenden und desto effizienter wird dein Geschäftsmodell.

Warum diese Vermietungsart eine spannende passive Einkommensquelle sein kann

Ein großer Vorteil dieser Vermietungsart ist, dass Mieteinnahmen unter bestimmten Bedingungen steuerlich begünstigt sein können. In einigen Ländern gibt es steuerliche Erleichterungen, die dich bei der Vermietung von Wohnraum oder Gegenständen entlasten.

Die Nachhaltigkeit stellt einen positiven Aspekt dar. Durch die gemeinsame Nutzung von Ressourcen trägst du dazu bei, den Verbrauch von Produkten und Ressourcen zu minimieren und so die Umwelt zu schonen. Anstatt Dinge neu zu kaufen, können sie weiterverwendet und mehrfach genutzt werden.

Mögliche Nachteile und Risiken dieser Vermietungsart als passive Einkommensquelle

Trotz der vielen Vorteile gibt es auch einige Herausforderungen. Ein wichtiger Punkt ist der organisatorische Aufwand. Um erfolgreich zu vermieten, musst du Anzeigen erstellen, mit Mietern kommunizieren und gegebenenfalls Reparaturen oder Reinigungsarbeiten durchführen. Diese Aufgaben können zeitaufwendig sein und erfordern ein gewisses Maß an Organisation.

Zudem trägst du als Vermieter eine gewisse Haftung. Du bist für die vermieteten Gegenstände verantwortlich, was bedeutet, dass du im Fall von Schäden oder Verlusten eine finanzielle Verantwortung übernimmst.

Ein weiterer Nachteil sind die unvorhergesehenen Kosten. Wenn ein Mietgegenstand beschädigt wird oder gereinigt werden muss, entstehen zusätzliche Ausgaben, die du eventuell nicht einkalkuliert hast. Auch

Instandhaltungskosten können regelmäßig anfallen, was die Rentabilität deiner Vermietung beeinträchtigen kann.

Übersicht	Vermietung von Eigentum / Fähigkeiten
Vorteile	
Steuerliche Vorteile	✓ Mögliche Erleichterungen je nach Land
Nachhaltigkeit	✓ Ressourcen schonen durch Mehrfachnutzung
Flexibilität	✓ Nutzung eigener Ressourcen ohne Verkauf
Zusätzliches Einkommen	✓ Monetarisierung ungenutzter Gegenstände/Fähigkeiten
Nachteile	
Organisatorischer Aufwand	✗ Verwaltung, Kommunikation mit Mietern
Haftungsrisiko	✗ Verantwortung für Schäden/Verlust
Unvorhergesehene Kosten	✗ Reinigung, Reparaturen, Wartung

Lizenzierung von geistigem Eigentum

Hast du ein Talent für Design, schreibst faszinierende Geschichten oder hast eine innovative Software entwickelt? Dann hast du geistiges Eigentum, das mehr wert sein könnte, als du denkst. Durch die Lizenzierung deiner Werke kannst du anderen die Nutzung deiner Kreationen ermöglichen und gleichzeitig ein passives Einkommen aufbauen.

Die Lizenzierung funktioniert so: Du gibst anderen Personen oder Unternehmen das Recht, dein geistiges Eigentum unter bestimmten Bedingungen zu nutzen. Dabei behältst du normalerweise die Urheberrechte an deinem Werk, gewährst jedoch eine Lizenz zur Nutzung. Diese Lizenz kann zeitlich begrenzt sein, sich auf bestimmte geografische Gebiete beziehen oder exklusiv an einen einzelnen Lizenznehmer vergeben werden. Die Lizenzierung ermöglicht es dir, regelmäßig Einnahmen zu generieren, oft über viele Jahre hinweg, ohne dass du zusätzliche Arbeit leisten musst.

Warum Lizenzierung eine spannende passive Einkommensquelle sein kann

Ein großer Vorteil der Lizenzierung ist die größere Reichweite, die deine Werke erzielen können. Durch die Lizenzierung kannst du dein Werk einem viel größeren Publikum zugänglich machen, als es dir allein durch Selbstvermarktung möglich wäre. Du nutzt die Ressourcen und Netzwerke der Lizenznehmer, um die Bekanntheit deiner Kreation zu steigern.

Darüber hinaus bietet die Lizenzierung auch einen gewissen Schutz für dein geistiges Eigentum. Du gewährst den Lizenznehmern nur unter bestimmten Bedingungen das Nutzungsrecht, was dir hilft, deine Kreationen vor unbefugter Nutzung oder Plagiaten zu bewahren.

Mögliche Nachteile und Risiken von Lizenzierung als passive Einkommensquelle

Trotz der vielen Vorteile gibt es auch einige Nachteile, die du berücksichtigen solltest. Ein bedeutender Nachteil ist der Verlust von Kontrolle. Wenn du eine exklusive Lizenz vergibst, gibst du einen Teil der Kontrolle über dein Werk ab. Der Lizenznehmer hat in diesem Fall das Recht, das Werk zu nutzen, und du bist möglicherweise auf seine Entscheidungen angewiesen.

Zudem kann die Vertragsverhandlung für eine Lizenzvereinbarung komplex und zeitaufwendig sein. Du musst sicherstellen, dass die Bedingungen klar formuliert sind, um zukünftige Missverständnisse oder Konflikte zu vermeiden. Die Erstellung eines rechtlich bindenden Lizenzvertrags erfordert entweder juristische Unterstützung oder umfangreiche Kenntnisse im Vertragsrecht.

Ein weiteres Risiko, das mit der Lizenzierung verbunden ist, ist das Risiko von Rechtsstreitigkeiten. Falls ein Lizenznehmer gegen die vereinbarten Bedingungen verstößt oder das Werk unsachgemäß nutzt, kann es zu rechtlichen Auseinandersetzungen kommen. Daher ist es wichtig, die Lizenzbedingungen klar und detailliert zu formulieren, um das Risiko zu minimieren.

Übersicht	Lizenzierung von geistigem Eigentum
Vorteile	
Passives Einkommen	✓ Langfristige Einnahmen ohne zusätzlichen Aufwand
Größere Reichweite	✓ Nutzung durch Lizenznehmer erhöht Sichtbarkeit
Rechtlicher Schutz	✓ Kontrollierte Nutzung schützt vor Missbrauch
Nachteile	
Kontrollverlust	✗ Exklusive Lizenzen geben Entscheidungsmacht ab
Komplexe Verträge	✗ Juristische Kenntnisse oder Beratung nötig
Rechtsrisiken	✗ Mögliche Streitigkeiten bei Vertragsverstößen

Zusammenfassend kann gesagt werden, dass es zahlreiche Wege gibt, ein passives Einkommen aufzubauen, und für jede Persönlichkeit eine passende Möglichkeit existiert. Ob du deine Kreativität in digitale Produkte umwandelst, dein Eigentum gewinnbringend vermietest oder dein Wissen weitergibst – mit der richtigen Herangehensweise kannst auch du ein zusätzliches Einkommen erzielen und deine finanzielle Situation langfristig verbessern. Wichtig ist, dass du neugierig bleibst, dich über neue Trends und Chancen informierst und kontinuierlich nach Wegen suchst, wie du dein passives Einkommen weiter ausbauen kannst. So kannst du auch in Zukunft von den vielfältigen Möglichkeiten profitieren.

Wichtige Tipps für den Erfolg beim passiven Einkommen

Das Streben nach einem passiven Einkommen ist ein verlockendes Ziel. Doch wie bei jeder neuen Herausforderung lauern auch hier einige Stolpersteine. Um dich auf deinem Weg zu begleiten und dir zu helfen, diese zu umgehen, möchte ich dir in diesem Abschnitt einige praktische Tipps an die Hand geben.

Deine Nische finden: Spezialisierung ist der Schlüssel

Indem du dich auf eine bestimmte Nische spezialisierst, kannst du dich von der Masse abheben und deine Erfolgschancen deutlich erhöhen. Weniger Konkurrenz bedeutet, dass du schneller wahrgenommen wirst und dich als Experte positionieren kannst. Tieferes Wissen über dein Nischenthema ermöglicht es dir, hochwertigen Content zu erstellen und deine Zielgruppe gezielt anzusprechen.

Wie findest du deine Nische? Beginne bei dir selbst: Was sind deine Leidenschaften und Fähigkeiten? Welche Themen begeistern dich so sehr, dass du bereit bist, viel Zeit und Energie in sie zu investieren? Überlege, welche besonderen Kenntnisse oder Fertigkeiten du hast, die andere nicht besitzen. Daneben ist eine gründliche Marktforschung unerlässlich. Welche Nischen sind aktuell gefragt und bieten Wachstumspotenzial? Nutze Tools wie *Google Trends* oder *Keyword-Planer*, um die Nachfrage nach bestimmten Themen zu analysieren. Indem du deine Leidenschaften, Fähigkeiten und die Marktnachfrage miteinander verbindest, kannst du eine Nische finden, die sowohl zu dir passt, als auch ein profitables Potenzial bietet.

Zusätzliche Tipps:

- **Nischen innerhalb von Nischen**
  Oft sind sogar noch spezifischere Nischen innerhalb einer großen Nische profitabel.
- **Bleib flexibel**
  Märkte ändern sich ständig. Sei bereit, deine Nische anzupassen oder zu erweitern.

- **Baue eine Community auf**
  Interagiere mit anderen in deiner Nische, um dein Wissen zu erweitern und neue Geschäftsmöglichkeiten zu entdecken.

Mit der richtigen Nische und einer durchdachten Strategie kannst du dein passives Einkommen erfolgreich aufbauen.

Warum Geduld so wichtig ist

Es ist verlockend, schnell Ergebnisse sehen zu wollen und möglichst viel auf einmal zu erreichen. Doch oft führt diese Hast zu einer Vernachlässigung der Qualität. Hochwertige Inhalte, ein starker Markenauftritt und zufriedene Kunden sind die Grundlage für langfristigen Erfolg. Geduld ermöglicht es dir, dich auf das Wesentliche zu konzentrieren und solide Grundlagen zu schaffen.

Passives Einkommen aufzubauen, braucht Zeit, bis sich deine Investitionen auszahlen. Sei geduldig und lass dich nicht entmutigen, wenn die Ergebnisse anfangs noch ausbleiben. Die Zeit, die du zum Beispiel in den Aufbau eines Online-Geschäfts investierst, ist eine wertvolle Lernphase. Du wirst nicht nur fachliche Kenntnisse in Bereichen wie Marketing, SEO und Webdesign erwerben, sondern auch wertvolle Soft Skills entwickeln, wie beispielsweise Geduld, Ausdauer und Problemlösungsfähigkeit. Dieses Wissen ist dein Fundament für langfristigen Erfolg.

Der Markt ist jedoch ständig in Bewegung. Neue Trends entstehen, Technologien entwickeln sich rasant weiter und die Konkurrenz schläft nicht. Um erfolgreich zu bleiben, musst du flexibel sein und kontinuierlich am Ball bleiben. Geduld gibt dir die Zeit, diese Veränderungen zu beobachten und dich anzupassen.

Weiterbildung ist der Schlüssel zum Erfolg

Die Welt des passiven Einkommens ist genauso dynamisch wie jede andere Branche. Neue Technologien, verändertes Verbraucherverhalten und innovative Geschäftsmodelle entstehen ständig. Um in diesem Umfeld erfolgreich zu sein, musst du dich kontinuierlich weiterbilden.

Stell dir vor, du möchtest ein Online-Geschäft aufbauen. Durch Weiterbildung erfährst du von neuen Verkaufsplattformen, Social-Media-Trends oder Marketingstrategien, die dir helfen können, deine Produkte oder Dienstleistungen besser zu vermarkten. Vielleicht entdeckst du eine ganz neue Nische, in der du bisher noch nicht aktiv warst. Weiterbildung öffnet dir die Augen für neue Möglichkeiten und hilft dir, dein volles Potenzial auszuschöpfen.

Bevor du in ein neues Projekt investierst, ist es wichtig, die Risiken abzuschätzen. Durch Weiterbildung kannst du dein Wissen über verschiedene Anlageformen, Geschäftsmodelle und rechtliche Rahmenbedingungen erweitern. So bist du in der Lage, fundierte Entscheidungen zu treffen und das Risiko von Fehlinvestitionen zu minimieren.

Um dich von der Konkurrenz abzuheben, musst du dich ständig weiterentwickeln. Weiterbildung hilft dir dabei, deine Fähigkeiten zu erweitern und dein Angebot zu verbessern. Vielleicht möchtest du deine Fähigkeiten im Bereich des digitalen Marketings erweitern oder lernen, wie du deine eigenen Online-Kurse erstellst. Mit neuen Kompetenzen kannst du attraktivere Produkte oder Dienstleistungen anbieten und höhere Preise erzielen.

Es gibt viele Wege, um dein Wissen im Bereich des passiven Einkommens zu erweitern und gezielt zu vertiefen. Eine besonders flexible Möglichkeit sind Online-Kurse. Plattformen wie *Udemy*, *Coursera* oder *edX* bieten eine breite Palette an Kursen, die von Finanzwissen über Marketing bis hin zu Programmierung reichen. Diese Kurse ermöglichen es dir, in deinem eigenen Tempo zu lernen und dich ganz auf die Themen zu konzentrieren, die dich am meisten interessieren.

Neben den digitalen Lernmöglichkeiten bieten auch Bücher und E-Books eine wertvolle und leicht zugängliche Quelle für vertieftes Wissen. Fachliteratur zum Thema passives Einkommen steckt voller praktischer Tipps und bewährter Strategien. Bücher lassen sich leicht in den Alltag integrieren, während E-Books besonders unterwegs eine flexible und ideale Weiterbildungsmöglichkeit bieten.

Ein weiterer wichtiger Baustein sind Webinare und Podcasts. Hier hast du die Chance, Experten direkt zuzuhören, neue Ideen zu sammeln und von deren Erfahrungen zu profitieren. Oft bieten diese Formate auch Raum für Fragen, sodass du die Möglichkeit hast, dich aktiv in den Lernprozess einzubringen und dich mit anderen Teilnehmern auszutauschen.

Zusätzlich ist Networking ein mächtiges Werkzeug, um von anderen zu lernen. Der Austausch mit Gleichgesinnten, die ebenfalls an passivem Einkommen interessiert sind, eröffnet neue Perspektiven und Chancen.

Dabei knüpfst du wertvolle Kontakte, die dich bei deinem Vorhaben unterstützen können.

Zu guter Letzt kann Mentoring eine besonders effektive Unterstützung bieten. Ein erfahrener Mentor hilft dir dabei, deine persönlichen Ziele klarer zu definieren, gibt dir wertvolles Feedback und motiviert dich, deine Ideen umzusetzen. Durch seine Unterstützung kannst du dein Wissen erweitern sowie neue Ansätze und Perspektiven gewinnen, die dich auf deinem Weg zum passiven Einkommen weiterbringen.

Ein kleiner persönlicher Tipp am Rande: Nicht nur Fachwissen ist wichtig, sondern auch deine persönliche Entwicklung. Soft Skills wie Zeitmanagement, Selbstdisziplin und Kommunikationsfähigkeit sind ebenfalls entscheidend für deinen Erfolg. Investiere daher nicht nur in fachliche Weiterbildung, sondern auch in deine persönliche Entwicklung.

Häufige Fehler und wie man sie vermeidet

Ein häufiger Fehler, den viele beim Aufbau von passivem Einkommen machen, ist, sich von unrealistischen Erwartungen leiten zu lassen. Du hast sicher schon von vielen gehört, die träumen, über Nacht reich zu werden und sich schnell finanziell unabhängig zu machen. Doch diese Vorstellung ist realitätsfern. Der Weg zu passivem Einkommen erfordert Geduld und eine langfristige Perspektive. Es gibt keine schnellen Wege zum Erfolg, denn der Aufbau eines stabilen Einkommensstroms ist ein Prozess, der Zeit und eine durchdachte Strategie verlangt.

Unrealistische Erwartungen können auf verschiedene Weisen schädlich für dich sein. Zunächst einmal führt es oft zur Frustration, wenn die gewünschten Ergebnisse nicht so schnell eintreten, wie du es dir erhofft hast. Diese Enttäuschung kann deine Motivation dämpfen und dich von deinen Zielen abbringen. Noch gefährlicher wird es, wenn du in diesem Moment unüberlegte Entscheidungen triffst. In der Hoffnung auf schnelle Gewinne könntest du riskante oder wenig durchdachte Investitionen tätigen, die sich später als Fehler herausstellen. Diese impulsiven Entscheidungen können den Aufbau deines passiven Einkommens verzögern oder sogar gefährden.

Ein weiterer Punkt ist, dass unrealistische Erwartungen dich dazu bringen können, aufzugeben, bevor du deinen Erfolg siehst. Wenn der Fortschritt nicht so schnell kommt, wie du es dir wünschst, können Zweifel und Frustration so groß werden, dass die nötige Ausdauer schwindet und du deine Ziele aus den Augen verlierst. Viele Menschen geben auf, gerade dann, wenn sie kurz davor sind, ihre Ziele zu erreichen.

Um diese Fallstricke zu vermeiden, solltest du realistische und erreichbare Ziele setzen. Überlege dir genau, wie viel zusätzliches Einkommen du tatsächlich brauchst und in welchem Zeitraum es realistisch ist, dieses zu erreichen. Es geht nicht darum, schnelle, kurzfristige Erfolge zu erzielen, sondern darum, langfristig zu denken und einen klaren, durchdachten Plan zu entwickeln.

Denke daran: Erfolg kommt nicht über Nacht. Geduld ist eine der wichtigsten Eigenschaften, die du auf dem Weg zu passivem Einkommen benötigst.

Vergiss nicht, dass Fehler zum Teil des Prozesses gehören. Jeder macht sie, und sie sind eine wertvolle Gelegenheit zu lernen und zu wachsen. Statt dich von Rückschlägen entmutigen zu lassen, solltest du sie als Chance betrachten, deine Strategie zu überdenken und zu verbessern. Indem du aus deinen Fehlern lernst, kannst du deine Herangehensweise verfeinern und langfristig erfolgreich sein.

Ebenso schädlich ist es, sich von Emotionen wie Angst oder Gier leiten zu lassen. In Zeiten von Marktunsicherheit neigen viele dazu, ihre Anlagen zu verkaufen und damit Verluste zu realisieren. Umgekehrt können in Zeiten von Euphorie überzogene Risiken eingegangen werden. Rationale Entscheidungen sind jedoch unerlässlich für langfristigen Erfolg beim passiven Einkommen.

Ein weiterer häufiger Fehler ist es, Investments oder Unternehmungen ohne gründliche Recherche zu tätigen. Bevor du dein Geld anlegst oder ein Business startest, solltest du dich umfassend über die verschiedenen Möglichkeiten informieren. Lies Bücher, besuche Seminare oder hole dir Rat von Experten, um sicherzustellen, dass du gut vorbereitet in dein Vorhaben gehst.

Aufgeben, bevor der Erfolg eintritt!

Viele Menschen geben auf, bevor sie ihre Ziele erreicht haben. Sie lassen sich von Rückschlägen entmutigen und zweifeln an ihren Fähigkeiten. Doch gerade die Phasen, in denen es nicht so läuft wie geplant, bieten wertvolle Lernchancen. Der Aufbau eines passiven Einkommens ist kein Sprint, sondern ein Marathon. Es erfordert Geduld und Ausdauer, bis sich die ersten Erfolge einstellen.

Jeder Rückschlag ist eine Gelegenheit, aus seinen Fehlern zu lernen und seine Strategie anzupassen. Betrachte sie als Meilensteine auf deinem Weg zum Erfolg. Indem du aus den Erfahrungen lernst, wirst du immer besser darin, die richtigen Entscheidungen zu treffen.

Die Belohnung für deine Ausdauer ist ein finanziell sicheres Leben. Stell dir vor, du hast mehr Zeit für die Dinge, die dir wirklich wichtig sind, ohne dich durchgehend um Geld sorgen zu müssen. Das ist ein Ziel, das es wert ist, dafür zu kämpfen.

Um motiviert zu bleiben, ist es wichtig, auch die kleinen Erfolge bewusst zu feiern. Jede überwundene Hürde, jeder erreichte Meilenstein ist ein

Grund zur Freude und gibt dir neuen Schwung auf deinem Weg. Solche positiven Momente stärken dein Durchhaltevermögen und erinnern dich daran, wie weit du bereits gekommen bist.

Ein erfahrener Reisebegleiter kann dir wertvolle Tipps geben und dich auf deiner Reise unterstützen. So kann ein Mentor dich auch in deinen finanziellen Angelegenheiten beraten. Denn manchmal braucht man einfach einen erfahrenen Blick von außen, um die richtigen Entscheidungen zu treffen. Eine positive Einstellung ist dein treuer Begleiter auf dieser Reise. Glaube an dich selbst und deine Fähigkeiten. Denn mit der richtigen Einstellung kannst du jedes Hindernis überwinden. Umgebe dich außerdem mit Menschen, die dich unterstützen und inspirieren. Der Austausch mit Gleichgesinnten kann wahre Wunder wirken.

Der Aufbau eines passiven Einkommens ist ein lohnendes Ziel, das jedoch auch mit Herausforderungen verbunden ist. Indem du unrealistische Erwartungen vermeidest, sorgfältig investierst und dranbleibst, kannst du deinen finanziellen Autopiloten erschaffen.

Denke daran: Es gibt kein Patentrezept für den Erfolg. Jeder Weg ist individuell. Wichtig ist, dass du deine eigene Strategie entwickelst und konsequent verfolgst.

Deine ersten Schritte zu passiven Einkommen

Ich erinnere mich noch genau an den Moment, als ich zum ersten Mal von passivem Einkommen hörte. Ich war fasziniert von der Idee, Geld zu verdienen, während ich schlief. Zunächst klang es zu schön, um wahr zu sein, aber dann begann ich zu recherchieren und auszuprobieren. Und was soll ich sagen? Es funktioniert! In diesem Abschnitt zeige ich dir, wie du deine ersten Schritte in Richtung passives Einkommen machen kannst. Egal, ob du gerade erst anfängst oder schon erste Erfahrungen gesammelt hast, hier findest du wertvolle Tipps und Anregungen.

Jeder Mensch ist einzigartig, und so auch der Weg zu deinem passiven Einkommen. Es gibt zwar kein Patentrezept, aber ich gebe dir einen soliden Kompass an die Hand, der dich in die richtige Richtung lenkt.

Schritt 1: Finde deine Leidenschaft

Bevor du dich in die Welt der Investments oder des Online-Business stürzt, solltest du dir überlegen, was dich wirklich begeistert. Denn nur wenn du mit Leidenschaft bei der Sache bist, wirst du langfristig motiviert bleiben. Vielleicht liebst du es zu schreiben, zu fotografieren oder hast du eine besondere Affinität für Immobilien? Nutze deine Stärken und Interessen, um eine Einkommensquelle zu erschließen, die dir Spaß macht.

Denn nur wenn du mit voller Begeisterung bei der Sache bist, wirst du auch in schwierigen Phasen durchhalten. Deine Leidenschaft ist nicht nur dein Antrieb, sondern auch dein Kompass. Sie führt dich zu neuen Ideen und hilft dir, dich von der Masse abzuheben. Produkte oder Dienstleistungen, die aus Leidenschaft entstehen, haben eine besondere Qualität und sprechen deine Zielgruppe auf einer tieferen Ebene an.

Aber wie findest du deine Leidenschaft? Reflektiere deine Interessen und Stärken und stelle dir die folgenden Fragen: Was machst du gerne in deiner Freizeit? Wofür bekommst du Komplimente? Und vor allem: Was könnte dir langfristig Freude bereiten? Wenn du deine Leidenschaft mit einer potenziellen Einkommensquelle verbindest, hast du die besten Voraussetzungen für ein erfolgreiches und erfüllendes Business.

Vielleicht liebst du es zu schreiben und könntest einen Blog oder einen Online-Kurs erstellen. Oder bist du ein Fotografie-Talent und möchtest deine Bilder verkaufen? Vielleicht interessierst du dich für Immobilien und möchtest in vermietete Wohnungen investieren. Die vielfältigen Möglichkeiten hast du ja bereits in diesem Teil kennengelernt, nun musst du nur das Passende zu deinen Interessen finden.

Indem du deine Leidenschaft einbringst, hebst du dich von der Konkurrenz ab und baust eine authentische Verbindung zu deinen Kunden auf. Und das Beste daran: Wenn du etwas tust, was dich wirklich erfüllt, wirst du nicht nur finanziell, sondern auch persönlich reicher.

Schritt 2: Setze dir realistische Ziele

Nachdem du deine Leidenschaft entdeckt hast, geht es nun darum, konkrete Ziele zu formulieren. Stell dir vor, dein passives Einkommen wäre bereits Realität. Wie würde dein Leben aussehen? Was würdest du mit der zusätzlichen Zeit und dem Geld machen? Diese Fragen helfen dir dabei, eine klare Vision für deine Zukunft zu entwickeln.

Klare Ziele geben dir einen klaren Fokus, halten dich motiviert und ermöglichen es dir, deinen Fortschritt zu messen. Frag dich selbst: Wie viel passives Einkommen möchtest du erzielen? Wann möchtest du dein Ziel erreichen? Und welche konkreten Schritte sind dafür notwendig?

Deine Ziele sollten sowohl herausfordernd als auch realistisch sein. Setze dir lieber kleinere, erreichbare Teilziele, als gleich zu hoch zu greifen. Kleine Erfolge motivieren und stärken dein Selbstvertrauen. Jeder Schritt, egal wie klein, bringt dich deinem Ziel näher.

Vielleicht möchtest du dir zunächst ein zusätzliches Einkommen aufbauen, um dir einen Urlaub zu finanzieren oder deine Schulden abzubauen. Langfristig könnte dein Ziel sein, ganz von deinem passiven Einkommen leben zu können. Oder vielleicht möchtest du einfach mehr Zeit für deine Familie und deine Hobbys haben.

Wenn du deine Ziele schriftlich festhältst und regelmäßig überprüfst, bleibst du fokussiert und kannst Anpassungen vornehmen, wenn sich deine Umstände ändern. Deine Ziele sind dein Nordstern, der dir den Weg zu deiner finanziellen Sicherheit zeigt.

Schritt 3: Wähle dein Geschäftsmodell

Es gibt unzählige Möglichkeiten, passives Einkommen zu generieren. Viele hast du bereits in diesem Teil kennengelernt. Was solltest du aber bei der Auswahl deines Geschäftsmodells beachten?

Zunächst ist es entscheidend, eine Tätigkeit zu wählen, die wirklich begeistert (siehe Schritt 1). Nur wer mit echter Leidenschaft bei der Sache ist, wird auch langfristig motiviert bleiben – deshalb ist dieser Aspekt besonders wichtig.

Neben deiner Leidenschaft spielen auch deine Fähigkeiten eine wichtige Rolle. Welche Talente und Kenntnisse kannst du in dein Projekt einbringen? Wenn du etwa gut schreiben kannst, ist ein Blog oder ein E-Book vielleicht die richtige Wahl. Bist du handwerklich geschickt, könntest du Produkte herstellen und verkaufen.

Ein weiterer wichtiger Faktor ist dein zur Verfügung stehendes Kapital. Manche Modelle für passives Einkommen erfordern eine größere Anfangsinvestition als andere. So ist eine Immobilieninvestition in der Regel kapitalintensiver als der Aufbau eines Online-Shops. Überlege dir realistisch, wie viel Geld du investieren kannst und welche Risiken du bereit bist einzugehen.

Auch wenn das Ziel des passiven Einkommens ist, ohne großen Aufwand Geld zu verdienen, erfordert der Aufbau eines solchen Systems in der Regel einen gewissen Zeitaufwand am Anfang. Du musst deine Produkte oder Dienstleistungen erstellen, deine Online-Präsenz aufbauen und deine Marketingstrategie entwickeln.

Und schließlich solltest du dir bewusst sein, dass jedes Investment ein gewisses Risiko birgt. Es gibt keine Garantie dafür, dass dein Projekt erfolgreich sein wird. Informiere dich gründlich über die verschiedenen Modelle und Risiken, bevor du dich entscheidest.

Die Wahl der richtigen Strategie für dein passives Einkommen hängt von vielen Faktoren ab. Nimm dir Zeit, um deine Optionen sorgfältig abzuwägen und einen Plan zu entwickeln, der zu dir passt.

Schritt 4:
Starte klein und wachse kontinuierlich

Der Anfang ist oft der schwierigste Teil, aber keine Sorge: Du musst nicht gleich ein riesiges Unternehmen gründen, um passives Einkommen zu generieren. Konzentriere dich stattdessen darauf, klein anzufangen und dein Projekt Schritt für Schritt auszubauen.

Stell dir vor, du möchtest einen Laden eröffnen. Anstatt gleich Tausende Produkte anzubieten, konzentriere dich zunächst auf ein kleines Sortiment, das deine Kernkompetenzen widerspiegelt. Das kann ein einzelnes Produkt sein, das du besonders gut kennst, oder eine kleine Reihe von verwandten Produkten. Ein kleiner Anfang erleichtert es dir, alle Aufgaben zu bewältigen und den Überblick zu behalten.

Kleine Schritte machen es möglich, schnell erste Erfolge zu feiern, die wiederum deine Motivation stärken. Außerdem minimierst du das finanzielle Risiko, das mit einem größeren Projekt verbunden wäre.

Konzentriere dich auf das Wesentliche: dein einzigartiges Angebot, deine Zielgruppe und deine Marketingstrategie. Was macht dein Produkt oder deine Dienstleistung besonders? Wer sind deine idealen Kunden? Und wie erreichst du sie am besten?

Kontinuierliche Verbesserung ist der Schlüssel zum Wachstum. Analysiere regelmäßig dein Feedback, passe deine Produkte oder Dienstleistungen an und experimentiere mit neuen Marketingstrategien. Auch wenn es verlockend ist, sich mit kleinen Erfolgen zufriedenzugeben, ist Wachstum unerlässlich, um dein passives Einkommen zu steigern. Mit der Zeit kannst du dein Angebot erweitern, neue Produkte oder Dienstleistungen entwickeln und neue Zielgruppen erschließen.

Schritt 5:
Bilde dich kontinuierlich weiter

Aus den Tipps für ein erfolgreiches passives Einkommen weißt du, dass du dich kontinuierlich und zielgerichtet weiterbilden musst, um das Einkommen erhalten und ausbauen zu können. Bitte beherzige diesen Ratschlag. Je tiefer dein Wissen ist, desto besser kannst du deine Produkte oder Dienstleistungen gestalten und deine Kunden gezielt überzeugen. Zudem hilft dir kontinuierliches Lernen, neue Ideen zu entwickeln und dein Geschäft weiterzuentwickeln. In einer schnelllebigen Welt ist es entscheidend, dass du innovativ bleibst und dich an neue Herausforderungen anpassen kannst.

Das Lernen hört nie auf. Selbst wenn du bereits erfolgreich bist, solltest du dich weiterbilden. Denn nur so kannst du sicherstellen, dass dein Geschäft auch in Zukunft erfolgreich bleibt. Investiere in deine Weiterbildung. Es ist eine der besten Investitionen, die du tätigen kannst. Denn dein Wissen ist dein größtes Kapital. Mit kontinuierlichem Lernen wirst du nicht nur erfolgreicher, sondern auch zufriedener sein.

Individuelle Anpassung: Dein Weg ist einzigartig

Es gibt keinen *One-size-fits-all*-Ansatz für passives Einkommen. Was für deinen Freund funktioniert, muss nicht unbedingt auch für dich der richtige Weg sein. Lass dich nicht von den Erfolgsgeschichten anderer entmutigen und vergleiche dich nicht ständig. Jeder hat seinen eigenen Startpunkt und seine eigene Geschwindigkeit.

Es ist wichtig, dass du deinen eigenen Weg findest und dich nicht von anderen unter Druck setzen lässt. Experimentiere mit verschiedenen Modellen, bis du das Richtige für dich gefunden hast. Sei geduldig und gib nicht auf, wenn es am Anfang nicht sofort klappt. Jeder erfolgreiche Unternehmer hat Rückschläge erlebt. Um deinen individuellen Weg zu finden, solltest du dich selbst reflektieren, recherchieren, experimentieren und dich mit anderen austauschen. Nimm dir Zeit, um deine Stärken, Schwächen, Interessen und Ziele zu analysieren. Informiere dich über weitere Modelle für passives Einkommen und finde heraus, was dich anspricht. Habe keine Angst davor, neue Dinge auszuprobieren und dabei zu scheitern. Der Austausch mit anderen Menschen, die sich ebenfalls für passives Einkommen interessieren, kann dir neue Perspektiven eröffnen und wertvolle Kontakte vermitteln.

Unterm Strich ist passives Einkommen kein Glücksspiel, sondern das Ergebnis von harter Arbeit, Durchhaltevermögen und kontinuierlicher Weiterbildung. Mit der richtigen Einstellung und den richtigen Strategien baust du dir ein Leben auf, das dir mehr Freiheit und Sicherheit bietet.

Zentrale Erkenntnisse aus Teil IV

Passives Einkommen ist weit mehr als nur eine zusätzliche Geldquelle – es ist ein Weg zu mehr finanzieller Stabilität und persönlicher Freiheit. In diesem Teil hast du erfahren, wie tiefgreifend sich unsere Einstellung zu Arbeit und Einkommen verändert, wenn wir beginnen, Systeme aufzubauen, die für uns arbeiten. Psychologische Barrieren wie die Vorstellung von „schnellem Reichtum" oder die Angst vor anfänglichem Aufwand halten viele davon ab, diesen Weg zu gehen. Aber mit dem richtigen Wissen und praktischen Strategien kannst du lernen, diese Hindernisse zu überwinden und Schritt für Schritt echte finanzielle Sicherheit aufzubauen.

Ein zentrales Element des passiven Einkommens ist die bewusste Investition in nachhaltige Einkommensquellen. Wir haben gesehen, dass erfolgreiche Strategien – ob Dividendenaktien, digitale Produkte oder Immobilien – alle eines gemeinsam haben: Sie erfordern zunächst Zeit, Wissen und manchmal auch Kapital, bevor sie beginnen, regelmäßige Erträge zu generieren. Indem du deine Ressourcen gezielt einsetzt und lernst, zwischen kurzfristigen Trends und langfristig tragfähigen Modellen zu unterscheiden, kannst du ein stabiles finanzielles Fundament schaffen, das von deiner täglichen Arbeitsleistung unabhängig ist.

Dabei spielt – ich kann es nicht häufig genug betonen – Geduld eine entscheidende Rolle. Denn auch der Aufbau passiver Einkommensströme gleicht dem Pflanzen eines Gartens. Die ersten Früchte zeigen sich nicht sofort, aber mit kontinuierlicher Pflege wächst etwas, das dich über Jahre hinweg versorgen kann. Viele scheitern nicht an mangelnden Möglichkeiten, sondern daran, dass sie zu früh aufgeben oder unrealistische Erwartungen haben. Die bewusste Entscheidung für langfristiges Denken ist daher der erste Schritt zum Erfolg.

Um nachhaltig finanzielle Stabilität zu erreichen, ist Diversifikation unverzichtbar. In diesem Kapitel hast du gelernt, wie wichtig es ist, nicht alles auf eine Karte zu setzen, sondern verschiedene Einkommensquellen zu kombinieren. Ein Mix aus Investments, digitalen Assets und physischen Vermögenswerten schützt dich vor Marktschwankungen und sorgt für beständige Erträge. Diese Strategie gibt dir nicht nur finanzielle Sicherheit, sondern auch die Flexibilität, auf Veränderungen zu reagieren und neue Chancen zu nutzen.

Zusätzlich hast du konkrete Methoden kennengelernt, um mit deinen vorhandenen Ressourcen zu starten. Ob es darum geht, mit kleinen Beträgen in ETFs zu investieren, vorhandenes Wissen in Online-Kurse zu verpacken oder ungenutzten Wohnraum zu vermieten – jeder kann erste Schritte gehen, unabhängig vom aktuellen Kontostand. Diese kleinen Anfänge summieren sich mit der Zeit und können dein finanzielles Fundament entscheidend stärken.

Das wichtigste Learning

Passives Einkommen bedeutet nicht, nichts zu tun, sondern klug zu investieren – in verschiedene Anlageformen, Wissen oder Geschäftsmodelle. Es geht nicht darum, Arbeit komplett zu vermeiden, sondern darum, die Abhängigkeit von aktivem Einkommen zu verringern. Jede Stunde, die du heute in den Aufbau dieser Systeme investierst, schenkt dir morgen mehr Zeit und Gestaltungsspielraum für die wichtigen Dinge in deinem Leben.

Wenn du beginnst, deine Finanzen aktiv zu gestalten und gezielt passive Einkommensquellen aufzubauen, wirst du feststellen, wie sich deine Perspektive verändert. Du bist nicht länger ausschließlich auf eine Einkommensquelle angewiesen, sondern gewinnst die Freiheit, Entscheidungen unabhängiger von finanziellen Zwängen zu treffen. Genau darin liegt die wahre Kraft des passiven Einkommens: Es gibt dir die Möglichkeit, dein Leben selbstbestimmter zu gestalten und mehr Raum für das zu schaffen, was dir wirklich wichtig ist.

TEIL V

Frugalismus und ein erfülltes Leben

Wir haben gemeinsam die Welt des Frugalismus erkundet. Du hast gelernt, wie du bewusster mit deinen Finanzen umgehst, wie du deine Ausgaben reduzieren und gleichzeitig die Lebensqualität steigern kannst. Darüber hinaus hast du gelernt, wie du dein Geld investieren kannst, um das Ersparte noch weiter zu vermehren.

Und jetzt tauchen wir noch einmal in das Herzstück des Frugalismus ein: die Verbindung zwischen einem frugalistischen Lebensstil und einem erfüllten Leben. Denn es geht bei diesem Konzept um weit mehr als nur das Finanzielle. Es geht um Zufriedenheit, um Zeit für die wirklich wichtigen Dinge und um ein tieferes Verständnis von Glück.

In diesem Teil wollen wir gemeinsam reflektieren, wie sich dein Leben durch den Frugalismus verändern wird. Wir werden uns anschauen, welche neuen Perspektiven du gewinnen kannst und welche Herausforderungen du meistern wirst. Und wir werden darüber sprechen, wie du die Prinzipien des Frugalismus auch in Zukunft in dein Leben integrieren kannst, um ein glückliches und selbstbestimmtes Leben zu führen.

Frugalismus und Zufriedenheit

Wir leben in einer Welt, die uns ständig mit neuen Produkten und Dienstleistungen überschüttet. Werbung verspricht uns, dass wir durch den Kauf bestimmter Dinge glücklicher werden. Doch stimmt das wirklich? Erinnerst du dich an das Gefühl, als du dir endlich jenes teure Kleidungsstück gekauft hattest, von dem du schon so lange geträumt hast? Die Freude war vielleicht groß, doch hielt sie an?

Der Frugalismus bietet eine wertvolle Alternative zu diesem Konsumwahn. Indem wir bewusst auf unnötigen Konsum verzichten, schaffen wir Freiräume für die wirklich wichtigen Dinge im Leben: Zeit für Familie und Freunde, die Möglichkeit, neue Hobbys zu entdecken oder einfach nur das Leben zu genießen.

Weniger Besitztümer bedeuten weniger Stress, mehr finanzielle Freiheiten und tiefere Beziehungen. Stell dir vor, du könntest spontaner sein, mehr Zeit für deine Lieben haben und dich weniger um materielle Dinge sorgen. Durch bewussten Konsum schützt du zudem die Umwelt und trägst zu einer nachhaltigeren Zukunft bei. Das Gefühl, etwas Gutes für unseren Planeten zu tun, steigert unser Wohlbefinden zusätzlich.

Die Werbung suggeriert uns ständig, dass wir immer das Neueste und Beste brauchen. Doch Studien haben gezeigt, dass Erfahrungen uns länger glücklich machen als materielle Dinge. Erinnerst du dich an dein letztes Urlaubsabenteuer, an ein Konzert, das du besucht hast, oder an ein Gespräch mit einem besonderen Menschen? Diese Erinnerungen bleiben ein Leben lang und bereichern uns auf eine ganz besondere Weise.

Ein frugalistischer Lebensstil hat auch positive Auswirkungen auf unsere Gesundheit. Weniger Stress, mehr Bewegung und eine bewusste Ernährung sind nur einige der Vorteile. Indem wir uns von Ballast befreien, schaffen wir Raum für ein gesünderes und zufriedeneres Leben.

Der Frugalismus ist mehr als nur eine Sparmethode. Er ist eine Lebenseinstellung, die uns hilft, unsere Prioritäten zu setzen und ein erfüllteres Leben zu führen. Indem wir uns von materiellen Dingen lösen und uns auf die wirklich wichtigen Dinge konzentrieren, können wir mehr Freiheit, Zeit und Glück erfahren.

Was bedeutet das für dich? Überlege dir, was dir im Leben wirklich wichtig ist. Setze Prioritäten, vereinfache dein Leben und genieße die kleinen Dinge. Der Frugalismus ist ein Geschenk, das du dir selbst machen kannst. Es ist die Einladung, dein Leben bewusst zu gestalten und das zu tun, was dich wirklich erfüllt.

Zeit als wertvollste Ressource

Zeit ist unser kostbarstes Gut, und doch behandeln wir sie oft so, als wäre sie unendlich vorhanden. In unserer schnelllebigen Welt, gefüllt mit Verpflichtungen und Ablenkungen, kann es schwierig sein, den Überblick zu behalten und unsere Zeit sinnvoll zu nutzen. Wir alle kennen das Gefühl, am Ende des Tages erschöpft zu sein und das Gefühl zu haben, nichts wirklich geschafft zu haben. Der Frugalismus bietet hier eine Lösung: Indem wir uns von unnötigem Konsum befreien, sparen wir nicht nur Geld, sondern gewinnen auch Zeit. Denn weniger Besitztümer bedeuten weniger Zeit für Einkaufen, Putzen, Reparieren und Organisieren. So bleibt mehr Raum für die wirklich wichtigen Dinge im Leben.

Indem wir unsere Zeit bewusst nutzen, können wir ein erfüllteres und zufriedeneres Leben führen. Stell dir vor, du hättest einen zusätzlichen Tag in der Woche zur freien Verfügung. Was würdest du damit anfangen? Vielleicht würdest du endlich dieses Buch lesen, das schon seit Monaten auf deinem Nachttisch liegt, einen Spaziergang in der Natur machen oder einfach nur entspannen.

Indem du ein frugalistisches Leben führst, gewinnst du mehr Zeit. Auch ein digitaler Detox kann Wunder wirken. Lege regelmäßige Pausen ein und schalte dein Handy aus, um wirklich abschalten zu können. Es gibt viele Zeitmanagement-Techniken, die dir helfen können, produktiver zu arbeiten.

Investiere Zeit in deine persönliche Entwicklung, pflege deine Beziehungen, sorge für deine Gesundheit und tue Dinge, die dich glücklich machen. Verbringe Zeit in der Natur. Spaziergänge, Wandern oder einfach nur ein paar Minuten im Grünen können Wunder wirken.

Ich erinnere mich noch gut an eine Zeit in meinem Leben, in der ich das Gefühl hatte, ständig unter Strom zu stehen. Ich hatte das Gefühl, nie ausreichend Zeit zu haben. Grund hierfür war mein Konsumwahn hinsichtlich Kleidung, Urlaub und den neuesten Tech-Geräten. Hinzu kam dann noch die ständige Sorge, ob und wie ich mir die Dinge finanziell leisten kann. Durch den Frugalismus habe ich nun bedeutend weniger Stress, da ich einfach weniger konsumiere und mich auch finanziell sicherer fühle. Nachdem ich meine Finanzpläne gemacht und investiert hatte, konnte ich wesentlich besser abschalten, da ich wusste, dass die Zeit auf meiner Seite ist.

Zeit ist ein Geschenk. Jeder von uns hat die gleiche Menge an Zeit an einem Tag zur Verfügung. Wie wir diese Zeit nutzen, ist unsere Entscheidung. Indem wir sie bewusst gestalten, können wir ein erfüllteres Leben führen. Es geht nicht darum, jede Minute auszunutzen, sondern darum, die Zeit, die wir haben, sinnvoll zu nutzen.

Frugalismus und Nachhaltigkeit

Der Frugalismus ist mehr als nur ein Trend, er ist eine bewusste Entscheidung für ein nachhaltigeres Leben. Indem wir bewusst weniger konsumieren, reduzieren wir nicht nur unseren finanziellen Fußabdruck, sondern auch unseren ökologischen. Jeder Gegenstand, den wir kaufen, hat eine Geschichte: Rohstoffabbau, Produktion, Transport und schließlich Entsorgung. Durch bewusstes Einkaufen und die Wertschätzung von Gegenständen können wir diesen Kreislauf unterbrechen und Ressourcen schonen.

Meine persönliche Erfahrung hat gezeigt, wie erfüllend es sein kann, bewusst und frugalistisch zu leben. Anfangs war es eine Umstellung, alte Gewohnheiten aufzugeben. Doch mit der Zeit stellte ich fest, dass ich nicht nur mehr Geld spare, sondern auch ein gutes Gewissen habe. Das Gefühl, einen Beitrag zum Umweltschutz zu leisten, ist unbezahlbar. Es gibt viele Möglichkeiten, die du in diesem Buch gelernt hast, um deinen ökologischen Fußabdruck zu verringern. Beginne damit, bewusst einzukaufen und nur das zu kaufen, was du wirklich brauchst. Repariere kaputte Gegenstände, anstatt sie sofort wegzuwerfen. Upcycling ist eine weitere tolle Möglichkeit, alten Dingen neues Leben einzuhauchen. Und vergiss nicht, dass Teilen oft besser ist als Besitzen.

Ein nachhaltiger Lebensstil bringt viele Vorteile mit sich. Neben einem guten Gewissen und finanziellen Vorteilen kann er sich auch positiv auf deine Gesundheit auswirken. Der Frugalismus ist eng mit dem Thema Nachhaltigkeit verbunden. Beide Konzepte zielen darauf ab, bewusster mit unseren Ressourcen umzugehen und zukünftigen Generationen eine lebenswerte Erde zu hinterlassen. Indem wir uns gemeinsam für einen nachhaltigen Lebensstil entscheiden, können wir einen positiven Wandel bewirken.

Beginne deine eigene frugalistische Reise

Der Weg zum frugalen Lebensstil mag am Anfang ungewohnt sein, aber die Belohnungen sind vielfältig. Du wirst nicht nur finanziell besser gestellt sein, sondern auch umweltbewusster und zufriedener. Jeder kleine Schritt zählt. Fang noch heute damit an, deine Gewohnheiten zu überdenken und frugalistische Ansätze zu wählen.

Der Weg zum frugalen Lebensstil ist nicht immer einfach. Auch ich habe am Anfang übertrieben und auf alles verzichtet, was auch nur im Entferntesten nach Luxus aussah. Ich erinnere mich noch gut an die Zeit, als ich mir selbst verboten habe, neue Kleidung zu kaufen. Das Ergebnis? Ich fühlte mich unwohl in meiner Haut und hatte das Gefühl, etwas zu verpassen.

Erst als ich gelernt habe, Gewohnheiten Schritt für Schritt zu ändern, wie es in Teil I beschrieben wurde, habe ich gemerkt, dass es viel effektiver ist, kleine, nachhaltige Veränderungen vorzunehmen. Statt auf alles auf einmal zu verzichten, habe ich angefangen, bewusster einzukaufen, mehr zu kochen und mit kleinen Beträgen zu investieren.

Heute bin ich finanziell besser aufgestellt durch meine Investitionen und verschiedene Einkommensquellen als je zuvor und bin zufriedener mit meinem Leben. Und das Beste daran: Ich habe das Gefühl, einen Beitrag zu einer nachhaltigeren Zukunft zu leisten.

Fang auch klein an! Beginne damit, deine Ausgaben zu überprüfen und unnötige Kosten zu streichen. Suche nach Alternativen zum schnellen Konsum und entdecke die Freude am Selbermachen. Und vergiss nicht: Du bist nicht allein auf diesem Weg. Tausche dich mit anderen aus, teile deine Erfahrungen und lass dich inspirieren. Gemeinsam können wir eine Welt schaffen, in der Nachhaltigkeit und Zufriedenheit im Mittelpunkt stehen.

Ich kann es hier nur nochmal betonen: Es lohnt sich, den Weg des Frugalismus zu gehen! Es ist eine Reise, die dich zu mehr finanzieller Sicherheit, Zufriedenheit und einem besseren Verständnis für deine eigenen Bedürfnisse führt. Wage den Schritt und entdecke die vielen Vorteile, die dieser Lebensstil zu bieten hat.

Zentrale Erkenntnisse aus Teil V

In diesem Teil hast du entdeckt, wie ein frugalistischer Lebensstil nicht nur deine Finanzen verbessert, sondern auch deine Lebensqualität steigert. Wir haben gesehen, dass wahres Glück nicht in materiellem Besitz liegt, sondern in den einfachen Dingen: wertvollen Beziehungen, bereichernden Erfahrungen und der Freiheit, deine Zeit nach deinen eigenen Vorstellungen zu gestalten.

Ein zentrales Element des Frugalismus ist die bewusste Wertschätzung dessen, was bereits vorhanden ist. In einer Welt, die uns ständig zu mehr Konsum verleitet, haben wir gelernt, dass echte Zufriedenheit aus dem Gegenteil entsteht – aus dem bewussten Verzicht auf Überflüssiges. Indem du deine Bedürfnisse hinterfragst und lernst, zwischen kurzfristigen Impulsen und langfristig erfüllenden Werten zu unterscheiden, gewinnst du nicht nur finanziellen Spielraum, sondern auch mentale Klarheit und innere Ruhe.

Dabei spielt Zeit eine entscheidende Rolle. Der Frugalismus zeigt uns, dass Zeit unsere wertvollste Ressource ist – noch kostbarer als Geld. Weniger Besitz bedeutet weniger Aufwand für Pflege, Organisation und Reparaturen – und damit mehr Raum für das, was wirklich zählt: persönliche Entwicklung, tiefe Beziehungen und Momente der Muße. Diese neu gewonnene Zeit ermöglicht es dir, ein Leben zu führen, das deinen Werten entspricht, anstatt im Hamsterrad des Konsums gefangen zu sein.

Ein weiterer wichtiger Aspekt ist die Verbindung zwischen Frugalismus und Nachhaltigkeit. Indem wir bewusst konsumieren, schonen wir nicht nur unser Budget, sondern auch die Umwelt. Jeder Kaufverzicht, jede Reparatur statt Neukauf, jedes geteilte Gut trägt zu einer nachhaltigeren Welt bei. Diese doppelte Wirkung – finanziell und ökologisch – gibt dem frugalistischen Lebensstil eine besondere Tiefe und Sinnhaftigkeit.

Der Weg zum Frugalismus ist eine persönliche Reise, die nicht von heute auf morgen gelingt. Wie wir gesehen haben, sind kleine, nachhaltige Veränderungen oft wirkungsvoller als radikale Einschnitte. Beginne damit, deine Gewohnheiten Schritt für Schritt zu hinterfragen, setze dir realistische Ziele und feiere jede positive Veränderung. Der frugalistische Lebensstil ist kein Verzicht, sondern eine bewusste Entscheidung für mehr Lebensqualität.

Das wichtigste Learning

Frugalismus schenkt dir nicht nur finanzielle Sicherheit, sondern auch die Freiheit, dein Leben nach deinen eigenen Werten zu gestalten. Es geht darum, bewusst Prioritäten zu setzen – für mehr Zeit, mehr Zufriedenheit und mehr Sinnhaftigkeit. Jeder Euro, den du nicht für Überflüssiges ausgibst, ist ein Euro, der dir neue Möglichkeiten eröffnet: für bedeutungsvolle Erfahrungen, für finanzielle Sicherheit oder für einen Beitrag zu einer besseren Welt.

Wenn du beginnst, die Prinzipien des Frugalismus in dein Leben zu integrieren, wirst du eine tiefgreifende Veränderung spüren. Du gewinnst nicht nur Kontrolle über deine Finanzen, sondern auch über dein Leben. Du bist nicht länger ein Getriebener der Konsumgesellschaft, sondern Gestalter deines eigenen Glücks. Genau darin liegt die wahre Kraft des Frugalismus: Er gibt dir die Werkzeuge an die Hand, um ein Leben zu führen, das nicht von äußeren Umständen, sondern von deinen inneren Werten bestimmt wird – ein Leben, das wirklich erfüllt.

TEIL VI

Frugalismus in verschiedenen Lebensabschnitten

Du hast es geschafft! Kapitel für Kapitel hast du dich tiefer in die Welt des Frugalismus eingearbeitet. Du hast gelernt, wie du deine Ausgaben reduzierst, deine Finanzen planst und ein erfülltes Leben trotz weniger Konsum führen kannst. Aber wie sieht es konkret aus, wenn sich dein Leben grundlegend verändert? Wenn du ein Studium oder eine Ausbildung beginnst, eine Familie gründest oder einfach älter wirst? Bleibt der Frugalismus dann auf der Strecke?

In diesem Teil wollen wir gemeinsam erkunden, wie sich der Frugalismus an die verschiedenen Phasen deines Lebens anpassen lässt. Denn eins ist sicher: Frugalität ist keine starre Regel, sondern eine flexible Lebenseinstellung, die sich mit dir entwickeln kann.

Wir werden uns zunächst mit dem Frugalismus im Studium oder in der Ausbildung beschäftigen. Diese Phase ist oft geprägt von knappen finanziellen Mitteln, aber auch von großer Flexibilität. Wie kannst du trotz begrenztem Budget dein Studium finanzieren und gleichzeitig deine Ziele verfolgen? Welche Strategien helfen dir, auch in dieser Zeit bewusst mit Geld umzugehen?

Anschließend wenden wir uns dem Thema Familie zu. Wie lässt sich ein frugaler Lebensstil mit den Bedürfnissen einer Familie vereinbaren? Welche kreativen Lösungen gibt es, um auch als Familie sparsam zu leben, ohne auf die wichtigen Dinge im Leben verzichten zu müssen?

Zu guter Letzt schauen wir uns die späteren Phasen des Lebens an. Ist man irgendwann zu alt, um mit dem Frugalismus anzufangen oder seine Konsumgewohnheiten grundlegend zu ändern? Natürlich nicht! Wir werden gemeinsam herausfinden, wie du auch im Alter oder Ruhestand bewusst und frugal leben kannst und dabei deine finanzielle Situation nachhaltig absicherst.

In diesem Teil wirst du erfahren, dass Frugalismus in jedem Lebensabschnitt keine Einschränkung ist, sondern eine Chance. Egal, in welcher

Lebensphase du dich gerade befindest, mit den richtigen Strategien kannst du frugal und erfüllt leben.

Frugalismus im Studium oder in der Ausbildung

Du stehst am Anfang deines Berufslebens, voller Tatendrang und neuer Ideen. Doch neben all den aufregenden Möglichkeiten stellt sich oft die Frage: Wie finanziere ich mein Studium oder meine Ausbildung? Die Antwort liegt oft näher, als du denkst: im bewussten Umgang mit Geld. Frugalismus ist in dieser Lebensphase mehr als nur eine Sparmaßnahme – es ist eine Investition in deine Zukunft.

Das Studenten- und Azubileben ist oft geprägt von finanziellen Engpässen. Neben Studiengebühren fallen Kosten für Bücher, Miete, Essen und Freizeitaktivitäten an. Ein bewusster Umgang mit Geld kann dir helfen, diese Herausforderungen zu meistern und dir finanzielle Freiräume zu schaffen. Aber Frugalismus im Studium oder in der Ausbildung bedeutet nicht, auf alles verzichten zu müssen. Im Gegenteil: Es geht darum, deine Prioritäten zu setzen und deine Ausgaben bewusst zu gestalten.

Der Frugalismus im Studium oder in der Ausbildung ist nicht nur eine kurzfristige Lösung. Indem du jetzt lernst, bewusst mit Geld umzugehen, legst du den Grundstein für eine solide finanzielle Basis. Du wirst lernen, deine Ziele zu setzen und konsequent zu verfolgen. Diese Fähigkeiten werden dir auch in deinem Berufsleben von großem Nutzen sein.

Ich erinnere mich noch gut an meine Studienzeit. Das Geld war knapp, und ich musste jeden Cent zweimal umdrehen. Doch gerade diese Herausforderung hat mich dazu motiviert, kreativ zu werden und nach neuen Lösungen zu suchen. Am Anfang war es nicht immer einfach, aber mit der Zeit habe ich gemerkt, dass ich nicht auf etwas verzichten muss, um glücklich zu sein. Im Gegenteil: Durch den bewussten Umgang mit Geld habe ich gelernt, die einfachen Dinge im Leben zu schätzen.

Viele Studenten haben Angst, dass ein frugaler Lebensstil ihr soziales Leben einschränkt. Das muss aber nicht sein. Es gibt viele Möglichkeiten, günstig Spaß zu haben. Organisiere einen Spieleabend mit Freunden, gehe gemeinsam in die Natur oder besuche kostenlose Veranstaltungen.

Der Frugalismus kann dir auch bei deiner Karriere helfen. Wenn du lernst, mit wenig Geld auszukommen, bist du weniger anfällig für materielle Versuchungen und kannst dich ganz auf deine berufliche Entwicklung konzentrieren. Außerdem wirst du lernen, deine Ziele klar zu definieren und konsequent zu verfolgen – wichtige Fähigkeiten für den beruflichen Erfolg.

Zusätzliche frugalistische Tipps für Studenten und Auszubildende

Wohnen

- **WG statt Einzelwohnung**
  Eine WG ist oft die kostengünstigste Wohnform. Teile dir die Kosten für Miete, Strom und Internet mit deinen Mitbewohnern.

- **Wohnen bei den Eltern**
  Wenn möglich, ziehe bei deinen Eltern ein bzw. bleibe bei ihnen wohnen. Das spart eine Menge Geld für Miete und Nebenkosten.

Essen

- **Selbst kochen**
  Koche regelmäßig selbst. Das ist nicht nur günstiger, sondern auch gesünder.

- **Meal Prep**
  Plane deine Mahlzeiten im Voraus und koche größere Portionen, um Reste zu vermeiden.

- **Einkaufsplanung**
  Erstelle eine Einkaufsliste und halte dich daran. Vermeide spontane Käufe.

- **Discountmärkte**
  Nutze Angebote und Aktionsware in Discountern.

Mobilität

- **Fahrrad oder öffentliche Verkehrsmittel**
  Nutze das Fahrrad oder öffentliche Verkehrsmittel, statt ein Auto zu besitzen.

- **Fahrgemeinschaften**
  Organisiere Fahrgemeinschaften mit Kommilitonen oder Kollegen.

- **Studententarife**
  Nutze alle verfügbaren Studententarife für öffentliche Verkehrsmittel.

Konsum und Freizeit

- **Kostenlose Aktivitäten**
  Nutze kostenlose Angebote wie Bibliotheken, Parks, Museen mit freien Tagen oder Veranstaltungen.
- **Studenten- und Azubirabatte**
  Halte Ausschau nach Studenten- oder Azubirabatten. Es gibt für viele Aktivitäten Vergünstigungen für junge Menschen.
- **Hobbygruppen**
  Tritt Hobbygruppen bei, um neue Leute kennenzulernen und gemeinsam Aktivitäten auszuüben.
- **Austausch statt Kauf**
  Tausche Bücher, Kleidung oder andere Gegenstände mit Freunden oder anderen tauschwilligen Menschen.

Frugalismus mit Familie

Angenommen, du hast dich entschieden, dein Leben nachhaltiger und bewusster zu gestalten. Der Frugalismus hat dich dabei bereits begleitet und dir geholfen, deine Finanzen in den Griff zu bekommen. Doch wie sieht es aus, wenn du eine Familie gründest? Lässt sich ein sparsamer Lebensstil mit den Bedürfnissen deiner Liebsten vereinbaren? Absolut! Frugalismus und Familie sind keineswegs Gegensätze. Mit ein wenig Planung und Kreativität kannst du auch als Familie ein erfülltes Leben führen und gleichzeitig Geld sparen.

Ein frugaler Lebensstil bietet deiner Familie zahlreiche Vorteile. Durch bewussten Konsum und Sparen schaffst du eine solide finanzielle Grundlage für deine Familie. Ein überschaubarer Haushalt und weniger Konsum reduzieren Stress und schaffen mehr Zeit für gemeinsame Aktivitäten. Du lebst nachhaltiger und gibst deinen Kindern ein Vorbild für einen bewussten Umgang mit Ressourcen. Frugalismus fördert gemeinsame Werte wie Achtsamkeit, Wertschätzung und Dankbarkeit.

Beziehe deine Familie in deine finanziellen Entscheidungen ein. Gemeinsam könnt ihr Ziele setzen und einen Haushaltsplan erstellen. Erstelle eine Einkaufsliste und halte dich daran. Kaufe saisonale Produkte und vermeide Lebensmittelverschwendung. Koche regelmäßig selbst und plane deine Mahlzeiten im Voraus. Es gibt viele kostenlose oder günstige Freizeitaktivitäten für Familien, wie zum Beispiel Spaziergänge in der Natur, Spieleabende oder Bastelnachmittage. Kaufe gebraucht, repariere statt wegzuwerfen und tausche mit anderen Familien. Ein Urlaub zu Hause oder in der näheren Umgebung ist oft günstiger und entspannter als eine Fernreise. Schenke lieber Erlebnisse oder selbstgemachte Geschenke als materielle Dinge.

Kinder lernen am besten durch Vorbilder. Zeige deinen Kindern, wie wichtig ein bewusster Umgang mit Geld ist. Erkläre ihnen, warum ihr bestimmte Entscheidungen trefft und beziehe sie in den Prozess mit ein. Gewöhne deinen Kindern früh einen bewussten Umgang mit Geld an. Ermutige sie, für etwas Größeres zu sparen. Nimm deine Kinder mit zum Einkaufen und lass sie bei der Auswahl der Produkte mitentscheiden. Erkläre deinen Kindern die Bedeutung von Nachhaltigkeit und zeige ihnen, wie sie selbst einen Beitrag leisten können.

Als ich selbst Vater geworden bin, wurde mir schnell klar, dass ich meine Konsumgewohnheiten überdenken musste. Plötzlich standen nicht mehr meine eigenen Bedürfnisse im Mittelpunkt, sondern die meiner Familie. Ich habe angefangen, noch bewusster einzukaufen, mehr Zeit mit meiner Familie zu verbringen. Es war eine Umstellung, aber es hat sich gelohnt. Meine Familie ist glücklich und zufrieden, und wir haben eine starke Bindung zueinander.

Frugalismus und Familie sind kein Widerspruch. Im Gegenteil: Ein bewusster Umgang mit Geld kann dir helfen, eine glückliche und erfüllte Familie zu gründen. Indem du auch hier deine Ausgaben reduzierst und deine Prioritäten setzt, schaffst du eine solide finanzielle Grundlage und mehr Zeit für die Dinge, die wirklich zählen.

Frugalistische Tipps für Familien im Überblick

Finanzen und Haushalt

- **Gemeinsames Budget**
  Beziehe deine Familie in die Finanzplanung ein. Erstellt gemeinsam ein Haushaltsbuch und besprecht regelmäßig eure Ausgaben.
- **Kochpläne**
  Plane deine Mahlzeiten im Voraus und koche größere Portionen, um Reste zu verwerten.
- **Einkaufslisten**
  Erstelle detaillierte Einkaufslisten und halte dich strikt daran.
- **Saisonal einkaufen**
  Nutze saisonale Produkte, sie sind oft günstiger und frischer.
- **Kochgruppen**
  Teile dir mit Freunden die Kosten für Lebensmittel und kocht gemeinsam.
- **Reparatur statt Neuanschaffung**
  Repariere kaputte Gegenstände, anstatt sie sofort zu ersetzen.
- **Gebrauchtmarkt**
  Nutze Flohmärkte, Secondhand-Läden und Online-Plattformen, um Kleidung, Spielzeug und Haushaltsgegenstände günstig zu erwerben.
- **DIY-Projekte**
  Bastelt und repariert gemeinsam, um Geld zu sparen und die Kreativität zu fördern.

Freizeit und Aktivitäten

- **Kostenlose Angebote**
  Nutzt kostenlose Aktivitäten wie öffentliche Spielplätze oder Spieleabende zu Hause.

- **Tauschen statt kaufen**
  Tauscht Spielzeug, Bücher oder Kleidung mit anderen Familien.

- **Urlaub zu Hause**
  Entdeckt eure Umgebung und plant spannende Ausflüge in der Nähe.

- **Gemeinschaftsgärten**
  Engagiert euch in einem Gemeinschaftsgarten und baut gemeinsam Gemüse an.

Erziehung und Werte

- **Vorbild sein**
  Zeige deinen Kindern, wie wichtig ein bewusster Umgang mit Ressourcen ist.

- **Taschengeld**
  Gewöhne deinen Kindern früh einen verantwortungsvollen Umgang mit Geld an.

- **Nachhaltigkeit**
  Erkläre deinen Kindern die Bedeutung von Nachhaltigkeit und motiviere sie, aktiv mitzuwirken.

- **Gemeinsame Ziele**
  Setzt euch gemeinsam Ziele, z. B. Geld für einen gemeinsamen Urlaub zu sparen.

Frugalismus in den späteren Phasen deines Lebens

Der Frugalismus bietet auch für Menschen in späteren Lebensphasen zahlreiche Vorteile. Während junge Menschen oft noch auf den Aufbau von Vermögen und die Erfüllung großer Träume fokussiert sind, stehen ältere Menschen vor anderen Herausforderungen. Die Sicherung des Lebensstandards im Ruhestand, die Verbesserung der Gesundheit und die Schaffung von mehr Freiraum für die wirklich wichtigen Dinge im Leben rücken in den Vordergrund.

Indem man auch im Alter die Ausgaben bewusst reduziert und seine Ressourcen schont, kann man die finanzielle Sicherheit stärken. Durch ein gut durchdachtes Budget und gezielte Sparmaßnahmen lässt sich ein solides Polster für unvorhergesehene Ereignisse aufbauen. Zudem kann man die Altersvorsorge aufbessern und sich so vor finanziellen Engpässen schützen.

Der Frugalismus umfasst auch eine bewusste Gestaltung des eigenen Lebens. Indem du dich im Alter auf die wesentlichen Dinge konzentrierst und unnötigen Konsum vermeidest, gewinnst du mehr Zeit für deine Familie, Freunde und Hobbys. Dies kann zu einer höheren Lebensqualität und einem gesteigerten Wohlbefinden führen.

Ein weiterer Vorteil des Frugalismus in einer späteren Lebensphase liegt in den gesundheitlichen Aspekten. Eine einfache und bewusste Lebensweise, die oft mit einer ausgewogenen Ernährung und regelmäßiger Bewegung einhergeht, kann sich positiv auf die Gesundheit auswirken. Dies ist besonders wichtig im Alter, wenn das Risiko für bestimmte Krankheiten steigt.

Darüber hinaus kann der Frugalismus dazu beitragen, den ökologischen Fußabdruck zu verringern. Durch bewussten Konsum und die Vermeidung von Überkonsum kann man auch im Alter einen Beitrag zum Umweltschutz leisten.

Für viele ältere Menschen ist es zudem wichtig, ein Vermächtnis für ihre Nachkommen zu schaffen. Durch einen sorgsamen Umgang mit Geld und einer guten Anlagestrategie kann man ein gewisses Vermögen aufbauen, das sie später an ihre Kinder oder Enkel weitergeben können.

Insgesamt bietet der Frugalismus auch für ältere Menschen eine Vielzahl von Vorteilen, die weit über die reine finanzielle Sicherheit hinausgehen.

Auch Menschen in diesem Lebensabschnitt ermöglicht der Frugalismus ein erfüllteres Leben, stärkt die Gesundheit und trägt zu einer nachhaltigen Zukunft für die nächste Generation bei.

Zusätzliche Tipps für Frugalismus in den späteren Phasen deines Lebens

Haushalt und Wohnen

- **Energie sparen**
  Achte auf eine optimale Dämmung, nutze Energiesparlampen und schalte Geräte aus, wenn sie nicht benötigt werden.

- **Wasser sparen**
  Repariere umgehend tropfende Hähne und installiere wassersparende Duschköpfe.

- **Lebensmittelkosten optimieren**
  Plane deine Einkäufe sorgfältig, nutze Tiefkühltruhen und koche größere Portionen, um im Angebot größere Mengen einzukaufen und dadurch Geld zu sparen. Vermeide Spontankäufe, indem du mit einem festen Essensplan und Einkaufszettel in den Supermarkt gehst. Greife zu Eigenmarken statt teuren Markenprodukten und nutze Apps, um aktuelle Angebote zu vergleichen.

- **Wohnung optimieren**
  Überlege, ob du Räume zusammenlegen oder nicht mehr benötigte Möbel verkaufen kannst.

- **Reparatur statt Neuanschaffung**
  Lasse defekte Geräte reparieren, anstatt sie gleich auszutauschen.

Konsum und Freizeit

- **Bibliothek und Buchclubs**
  Nutze die örtliche Bibliothek für Bücher, Filme und Musik.

- **Gemeinschaftsgärten und Tauschringe**
  Baue gemeinsam mit anderen Gemüse an oder tausche Gegenstände und Dienstleistungen aus.

- **Kostenlose Aktivitäten**
  Gehe spazieren, besuche Museen mit freiem Eintritt oder nimm an Veranstaltungen teil, die keine Kosten verursachen.

- **Seniorenrabatte**
  Informiere dich über Seniorenrabatte für öffentliche Verkehrsmittel, Veranstaltungen und Einkäufe.

- **DIY-Projekte**
  Repariere Kleidung selbst oder bastele Geschenke, anstatt sie neu zu kaufen.

Gesundheit und Pflege

- **Hausapotheke und Vorsorge**
  Baue eine gut sortierte Hausapotheke auf und nutze kostenlose Vorsorgeuntersuchungen, die von der Krankenkasse angeboten werden.

- **Gesundheitskurse**
  Nutze kostenlose oder günstige Gesundheitskurse, um fit zu bleiben.

- **Naturheilkunde**
  Informiere dich über natürliche Heilmittel und ergänzende Therapien.

Finanzen und Versicherungen

- **Verträge prüfen**
  Überprüfe regelmäßig deine Versicherungsverträge und kündige unnötige Policen.

- **Rentenberatung**
  Lasse dich von einem Experten beraten, um deine Rentenansprüche optimal zu nutzen.

- **Erbschaftsregelung**
  Kläre rechtzeitig deine Vermögensverhältnisse und erstelle ein Testament.

Soziales Leben

- **Seniorenzentren**
  Engagiere dich in einem Seniorenzentrum oder triff dich regelmäßig mit Freunden.

- **Freiwilligenarbeit**
  Gebe dein Wissen und deine Erfahrungen weiter, indem du dich ehrenamtlich engagierst.
- **Online-Communitys**
  Nutze das Internet, um dich mit Gleichgesinnten auszutauschen und neue Kontakte zu knüpfen.

Zentrale Erkenntnisse aus Teil VI

Frugalismus ist keine starre Methode, sondern ein flexibler Lebensstil, der sich jedem Lebensabschnitt anpassen lässt – vom Studium bis ins hohe Alter. In diesem Teil hast du entdeckt, wie bewusster Konsum und kluge Finanzplanung in jeder Phase deines Lebens nicht nur finanzielle Stabilität, sondern auch mehr Lebensqualität schaffen können.

Ein zentrales Element ist die Erkenntnis, dass Frugalismus im Studium oder in der Ausbildung weit mehr bedeutet als bloßes Sparen. Diese prägende Lebensphase bietet die einmalige Chance, grundlegende finanzielle Kompetenzen zu entwickeln – vom Erstellen eines Budgets bis zum bewussten Umgang mit begrenzten Ressourcen. Die kreativen Lösungen, die du in dieser Zeit findest (WG-Leben, gemeinsames Kochen, Nutzung von Studentenrabatten), werden zu wertvollen Gewohnheiten, die dich ein Leben lang begleiten. Gleichzeitig lernst du, dass wahre Lebensqualität nicht von teuren Anschaffungen abhängt, sondern von sinnstiftenden Erfahrungen und echten Beziehungen.

Der Übergang zur Familiengründung markiert eine besondere Herausforderung und Chance für den frugalistischen Lebensstil. Wie wir gesehen haben, lässt sich bewusster Konsum hervorragend mit den Bedürfnissen einer Familie vereinbaren. Gemeinsame Budgetplanung, kreative Freizeitgestaltung und der Fokus auf Werte statt materieller Dinge stärken nicht nur die Finanzen, sondern auch den familiären Zusammenhalt. Besonders wertvoll ist hier die Vorbildfunktion: Kinder, die von klein auf einen verantwortungsvollen Umgang mit Ressourcen lernen, entwickeln eine natürliche Resilienz gegenüber der Konsumgesellschaft.

In den späteren Lebensphasen zeigt der Frugalismus seine vielleicht tiefste Dimension. Jetzt geht es nicht mehr um den Aufbau von Vermögen, sondern um dessen Erhalt und sinnvollen Einsatz. Durch kluge Planung (Energiesparen, Vertragsprüfungen, Rentenoptimierung) schaffst du finanzielle Sicherheit im Alter. Gleichzeitig gewinnst du durch bewussten Konsum wertvolle Zeit für das, was wirklich zählt: soziale Kontakte, Gesundheit und die Weitergabe von Wissen und Werten an die nächste Generation.

Das wichtigste Learning

Frugalismus ist kein temporäres Sparprogramm, sondern eine lebenslange Philosophie. In jedem Alter bietet er dir spezifische Werkzeuge, um finanziell selbstbestimmt und gleichzeitig erfüllter zu leben. Ob als Student, Elternteil oder Rentner – die Prinzipien des bewussten Konsums passen sich deinen Bedürfnissen an und helfen dir, in jeder Lebensphase das Beste aus deinen Ressourcen zu machen.

Wenn du diese Erkenntnisse verinnerlichst, wirst du verstehen: Ein frugalistischer Lebensstil ist kein Verzicht, sondern eine kontinuierliche Investition in deine finanzielle Zukunft, in deine Beziehungen und nicht zuletzt in dein persönliches Glück. Egal, in welchem Lebensabschnitt du dich befindest: Es ist nie zu früh und nie zu spät, die Freiheit und Zufriedenheit zu entdecken, die ein bewusster Umgang mit Geld und Ressourcen schenken kann.

Fazit und abschließende Worte

Frugalismus ist ein Lebensstil, der darauf abzielt, finanzielle Sicherheit mit einem bewussteren, nachhaltigeren und erfüllteren Leben zu verbinden. In einer Welt, die oft von Konsumdruck und ständiger Beschleunigung geprägt ist, bietet Frugalismus eine Gegenbewegung: den Fokus auf das Wesentliche und die Freiheit, eigene Prioritäten zu setzen.

Im Kern geht es darum, bewusste Entscheidungen zu treffen – sei es bei der Art und Weise, wie wir unser Geld ausgeben, wie wir unsere Zeit nutzen oder wie wir unsere Ressourcen schonen. Dabei handelt es sich nicht um Verzicht oder Selbstkasteiung, sondern um die Kunst, das Leben so zu gestalten, dass es den eigenen Werten und Zielen entspricht. Jeder gesparte Euro, jede überdachte Ausgabe und jede neue positive Gewohnheit, die wir etablieren, bringt uns diesem Ziel näher.

Frugalismus: Ein ganzheitlicher Ansatz

Das Konzept des Frugalismus umfasst viele Aspekte unseres Lebens. Es beginnt mit einer grundlegenden Bestandsaufnahme: Was ist uns wirklich wichtig? Welche Ausgaben bringen uns Freude oder Mehrwert, und welche dienen nur dazu, kurzzeitig „Lücken" zu füllen, die wir anders längst beheben könnten? Frugalismus hilft dabei, zwischen Bedürfnissen und Wünschen zu unterscheiden und gezielt Prioritäten zu setzen.

Ein zentraler Bestandteil dieses Lebensstils ist das Sparen – nicht nur, um kurzfristige Ziele zu erreichen, sondern vor allem, um langfristige finanzielle Sicherheit zu erlangen. Das Ziel ist nicht einfach nur, mehr Geld auf dem Konto zu haben, sondern finanzielle Freiheiten zu schaffen: die Möglichkeit, weniger zu arbeiten, mehr Zeit mit geliebten Menschen zu verbringen oder lang gehegte Träume zu verwirklichen, wie etwa eine Weltreise oder das eigene Unternehmen zu gründen.

Dabei endet der Frugalismus nicht beim Sparen. Investitionen spielen eine entscheidende Rolle, um das gesparte Geld sinnvoll zu nutzen und wachsen zu lassen. Egal, ob in Aktien, ETFs, Immobilien oder anderen

Anlageformen – der bewusste Umgang mit Finanzen ist der Schlüssel zu einem stabilen und abgesicherten Leben. Gleichzeitig bietet Frugalismus auch Strategien, wie wir mit passivem Einkommen einen finanziellen „Autopiloten“ schaffen können.

Nachhaltigkeit und bewusster Konsum

Frugalismus geht Hand in Hand mit Nachhaltigkeit. Ein sparsamer Lebensstil führt oft automatisch zu einem geringeren ökologischen Fußabdruck. Indem wir bewusster konsumieren, setzen wir ein Zeichen für den verantwortungsvollen Umgang mit Ressourcen. Wir lernen, uns mit weniger zufriedenzugeben, indem wir Secondhand-Produkte kaufen, reparieren statt wegwerfen oder uns auf Erlebnisse konzentrieren, statt auf materielle Besitztümer.

Besonders in einer Zeit, in der Umwelt- und Klimathemen immer drängender werden, zeigt der Frugalismus, dass wir persönliche Zufriedenheit nicht durch exzessiven Konsum erreichen müssen. Im Gegenteil: Die bewusste Entscheidung, weniger zu besitzen, schafft Raum für das, was wirklich zählt. Es ermöglicht tiefere Beziehungen, mehr Zeit für persönliche Entwicklung und die Freiheit, unser Leben nach unseren eigenen Maßstäben zu gestalten.

Herausforderungen und Chancen

Wie bei jeder großen Veränderung gibt es auch beim Frugalismus Herausforderungen. Der Weg zu einem bewussteren Leben erfordert Geduld, Disziplin und die Bereitschaft, eigene Gewohnheiten zu hinterfragen. Es kann anfangs schwierig sein, sich dem Konsumdruck zu entziehen, der uns täglich durch Werbung, soziale Medien oder gesellschaftliche Erwartungen begegnet. Doch genau hier liegt die Chance: Jeder Schritt, den wir bewusst gehen, macht uns unabhängiger von äußeren Einflüssen.

Ein weiterer Aspekt ist die Anpassung des Frugalismus an die eigene Lebensrealität. Was für den einen funktioniert, muss nicht unbedingt für den anderen passend sein. Es geht darum, die Prinzipien individuell anzuwenden und auf die persönlichen Umstände zuzuschneiden. Ob im Studium, mit Familie oder im späteren Lebensabschnitt – Frugalismus kann in jede Lebensphase integriert werden.

Kleine Schritte, große Wirkung

Der Weg zum Frugalismus muss nicht radikal sein. Kleine Veränderungen können bereits eine große Wirkung haben. Es beginnt mit der Entscheidung, bewusster zu konsumieren, ein Budget zu erstellen oder den ersten Schritt in Richtung Investitionen zu gehen. Jeder kleine Erfolg baut auf den vorherigen auf und schafft Motivation für weitere Schritte.

Frugalismus ist ein Marathon, kein Sprint. Es geht nicht darum, alles sofort zu ändern, sondern langfristig einen Lebensstil zu etablieren, der Freude bereitet und zugleich finanzielle Sicherheit bietet. Jeder Schritt in diese Richtung ist ein Schritt hin zu einem selbstbestimmten, nachhaltigen und erfüllten Leben.

Der Blick nach vorne

Frugalismus ermöglicht uns, unser Leben aktiv zu gestalten. Anstatt uns von äußeren Zwängen und Erwartungen leiten zu lassen, können wir bewusst entscheiden, was uns wirklich wichtig ist. Es geht darum, die Kontrolle über unsere Finanzen und unser Leben zu übernehmen und ein Lebensmodell zu schaffen, das uns glücklich macht.

Dabei ist Frugalismus nicht starr oder dogmatisch. Es gibt keine festen Regeln, sondern nur Prinzipien, die individuell interpretiert und angewendet werden können. Diese Flexibilität macht es möglich, den Frugalismus in jede Lebenssituation zu integrieren und gleichzeitig auf persönliche Bedürfnisse einzugehen.

Die Reise in ein frugales Leben mag mit kleinen Schritten beginnen, aber sie kann dein ganzes Leben verändern. Jeder Euro, den du bewusster ausgibst, jede Stunde, die du sinnvoller nutzt, und jede Entscheidung, die im Einklang mit deinen Werten steht, bringt dich näher an ein Leben voller Zufriedenheit und Freiheit.

Denke daran: Der Wert deines Lebens wird nicht durch den Besitz materieller Dinge definiert, sondern durch die Momente, die du schöpfst, die Beziehungen, die du pflegst, und die Ziele, die du erreichst. Mit Frugalismus öffnest du dir die Tür zu einem Leben, das mehr ist als nur finanzieller Erfolg – ein Leben, das dir gehört.

Ich lade dich ein, deine Reise heute zu beginnen. Fang mit kleinen Veränderungen an, lerne aus deinen Erfahrungen und lass dich von den Fortschritten inspirieren. Du bist der Architekt deines Lebens. Nutze die Prinzipien des Frugalismus, um ein Fundament zu schaffen, auf dem du deine Träume verwirklichen kannst.

Das Wichtigste ist: Gib nie auf. Jede Entscheidung, die du heute triffst, ist ein Schritt in Richtung deines Ziels. Vertraue dir selbst, bleibe neugierig und halte an deiner Vision fest. Dein Leben ist voller Möglichkeiten – greife danach!

Wenn dir dieses Buch gefallen hat, freue ich mich, wenn du mir auf *Instagram* oder *Threads* unter **@frugal_und_digital** folgst – dort teile ich regelmäßig weitere Tipps, Ideen und Updates rund um ein frugales Leben!

Instagram:

Threads:

Checkliste:
Finanzielle Ängste besiegen mit Frugalismus

Diese Checkliste hilft dir, Punkt für Punkt finanzielle Sicherheit zu erlangen und dein Leben bewusster zu gestalten. Viel Erfolg auf deiner frugalen Reise!

Teil I: Grundlagen des Frugalismus

- ❐ Reflexion des eigenen Konsumverhaltens:
  Warum gebe ich Geld aus?
- ❐ Budget erstellen:
  Einnahmen und Ausgaben detailliert auflisten
- ❐ Sparziele definieren:
  Kurz-, mittel- und langfristige finanzielle Ziele setzen
- ❐ Notfallfonds aufbauen:
  Mindestens 3-6 Monatsgehälter als finanzielle Reserve
- ❐ Finanzielle Gewohnheiten analysieren und optimieren

Teil II:
Frugal leben in verschiedenen Lebensbereichen

- ❐ Einkaufen mit Einkaufsliste, um Impulskäufe zu vermeiden
- ❐ Secondhand kaufen:
  Kleidung, Elektronik und Möbel gebraucht erwerben
- ❐ Günstig und gesund kochen:
  Mahlzeiten planen und Lebensmittelverschwendung reduzieren
- ❐ Abonnements und Verträge überprüfen:
  Unnötige Kündigungen vornehmen
- ❐ Energiekosten reduzieren:
  LED-Lampen nutzen, Geräte nicht im Stand-by lassen

Teil III:
Investieren und Vermögen aufbauen

- ❐ Wohnkosten reduzieren:
  WG in Betracht ziehen oder Mietverhandlungen führen
- ❐ Minimalismus praktizieren:
  Unnötige Besitztümer verkaufen oder spenden
- ❐ Alternative Mobilitätsoptionen nutzen:
  Fahrrad, Carsharing oder öffentliche Verkehrsmittel

Teil IV:
Dein finanzieller Autopilot

- ❒ Grundlagen des Investierens lernen:
  ETFs, Aktien und Immobilien verstehen
- ❒ Passives Einkommen aufbauen:
  Nebenprojekte oder automatisierte Einnahmequellen
- ❒ Risiko vs. Rendite abwägen:
  Anlageformen diversifizieren
- ❒ Sparrate definieren:
  Mindestens 20 Prozent des Einkommens investieren

Teil V:
Frugalismus und ein erfülltes Leben

- ❒ Finanzbildung vertiefen:
  Bücher, Podcasts und Kurse zu Finanzthemen nutzen
- ❒ Umgang mit finanziellen Rückschlägen lernen:
  Plan B für Notfälle bereithalten
- ❒ Geduld bewahren:
  Frugalismus ist eine langfristige Reise
- ❒ Eigenes Erfolgsjournal führen:
  Fortschritte dokumentieren und reflektieren

ForwardVerlag